AF603503

Mademoiselle de Montpensier, auteur de cet ouvrage, le fit imprimer par un imprimeur d'Auxerre, Nicolas Billiard, sous ses yeux, au château de St Fargeau près d'Auxerre en 1653.
C'est une satire contre Madame de Fouquerolles qui avait été sa dame d'honneur.
On connait de cet ouvrage trois ou quatre exemplaires.

cf. C. Moiset, "Mademoiselle de Montpensier à Saint-Fargeau, mouvement intellectuel et distractions au château de Saint-Fargeau au milieu du XVIIe siècle", Bull. de la Société des sciences historiques et naturelles de l'Yonne, 44, 1890, p. 469-482.

(Par Mademoiselle de Montpensier, la Ctesse de Frontenac, la Ctesse de Fiesque et Madle de Fouquerolles.)

HISTOIRE
DE
IEANNE LAMBERT
D'HERBIGNY MARQVISE DE
FOVQVESOLLE,

1653

A Saint Farge

A MADAME DE SAVION, DAME D'honneur de Madame la Duchesse d'Orleans.

ADAME

IE ne me serois jamais auisée d'écrire vne vie si ordinaire que la mienne, & dans le cours de laquelle il s'est passé si peu de chose à mon auantage, si vous ne m'auiez témoigné que ie le deuois faire pour monstrer par ma conduitte, cõbien ie suis eloignée de toutes les choses dont l'on m'a voulu accuser. C'est elle seule qui me peut justifier, & Vous Madame qui estes témoing de la plus grande partie de mes actions, & sur tout de celles ou l'on me veut faire passer pour crimmelle. Vous aurez sans doute la bonté de contribuer a l'esta-

bliſſement de mon innocence, puis que ie prens meſme l'auis qu'il vous a pleu me donner ſur ce ſujet, comme vn effet de l'amitié que vous m'auez promiſe, a laquelle ie croirois mal répondre ſi ie vous refuſois cette marque de la mienne & de la deference que i'ay pour tous vos conſeils, que ie ſuiuray touſiours comme

MADAME

Voſtre tres humble & tres affectionnée Seruante
L. M. D. F.

HISTOIRE DE IEANNE LAMBERT D'HERBIGNY.

E pris naissance en Normandie dans vne maison qui appartient à mon Pere proche la Ville du Pont-l'Euesque, ou ie fus nourrie jusques à l'âge de treize ans que ma Mere mourut : Ce qui obligea mon Pere de m'emmener à Paris chez feu Madame la Presidente de Mesmes ma Tante auec qui ie demeuray jusques a ce que ie fusse mariée. Comme c'estoit vne personne qui voyoit peu de monde & qui viuoit en vne assez grande retraitte, cette vie ne me plaisoit pas, ayant tousiours fort aymé le grand monde, quoy que pourtant i'aye tousiours témoigné le contraire : mais il faut que ie vous auouë que les sentimens que i'ay dans le cœur sont ceux qui ont le moins paru, & que i'ay tousiours tenu pour maxime de ne me laisser connoistre de personne. Ie m'imaginay qu'estant mariée, ie serois en ma liberté, que ie verrois la Cour & aurois part aux plaisirs, apres lesquels vne ieune personne qui n'en a jamais veu, est assez aspre: mais ie fus bien trompée, car aussi tost apres que mon Mary m'eust épousée, il me mena en Picardie ou ie demeuray auec vne vieille belle Mere. Il alloit toutes les campagnes à l'Armée, & s'il passoit quelques Hiuers à Paris, ie n'en auois pas plus de diuertissement, ne quittant jamais d'vn pas cette belle Mere, de qui ie dépendois en toutes choses, comme auroit fait vne petite fille : De sorte que le peu de cas qu'Elle & mon Mary faisoient de moy, estoit cause que ie receuois le mesme traittement de toute la Prouince, & d'autant que cela faisoit connoistre le peu que ie valois, jugés de ma douleur, moy qui suis née d'vne humeur hautaine. Aprés auoir passé quelques années dans cette misere, mon Mari mourut au Siege de St. Omer, & me laissa deux Filles, dont est morte la plus jolie.

Je demeuray par là en possession de tout le bien de la maison, ce qui me fit quitter la Picardie pour venir à Paris, ou ie fus deux ans sans en partir, que pour aller faire vn voyage en Normandie, dans lequel ie me broüillay auec mon Pere. Apres estre retournée icy ie desiray faire la reuerence à Mademoiselle qui estoit lors fort ieune, & ce fut vne de mes Parentes qui m'y mena. Or comme depuis mon voyage j'auois paru fort retirée, ie ne manquois pas de faire valoir à Mademoiselle les frequentes visites que ie luy rendois. Mes premiers soins eurent vn succez si fauorable pour moy, que cette ieune Princesse me prit en amitié, attribuant ce que ie faisois pour moy mesme, a vn effet de l'affection que j'auois pour Elle. Dans ce temps-là Monsieur son Pere estoit dans le plus fort de ses disgraces, si bien qu'elle n'estoit visitée que de peu de personnes. Ce qui fit que ie redoublay mes assiduitez, desquelles veritablement elle ne me deuoit guerres estre obligée, puis que ie ne pouuois auoir d'occupation meilleuſte ny plus honorable; mais comme elle ne le pouuoit diſcerner, elle m'en témoignoit beaucoup de reſſentiment. Ie me monſtrois eſtre gaye ou triſte ſelon les éuenemens des affaires de Monſieur ſon Pere pour qui elle a touſiours vne tendreſſe nompareille; ce qui m'attiroit d'autant plus ſon amitié, qu'Elle ne voyoit pas que i'eſtois née ſi grande Comedienne, que quelque ſentiment que mon viſage fiſt paroiſtre, i'en auois touſiours de tout contraire dans le cœur, & que les choſes m'eſtoient indifferentes quand i'y témoignois le plus d'affection; I'agis touſiours de la meſme maniere & m'accommodant au temps, ie me conformois touſiours le mieux que ie pouuois à tout ce que ie iugeois qui luy pouuoit plaire. Monſieur reuint à la Cour, le Roy mourut, & la Reyne vint à Paris, de ſorte que les aſſiduitez que ie luy rendois furent interrompuës par celles qu'elle rendoit à la Reyne: Mais ie ne laiſſois pas de la voir auſſi ſouuent que ie le pouuois. I'eſtois auſſi en grande amitié auec toutes celles pour qui elle en auoit,

attendant

attendant le moment que ie serois aupres d'elle mieux que personne pour bastir ma faueur sur leurs ruïnes. Il arriua par malheur, que mes affaires domestiques me firent abandonner mes desseins, & la Cour; Et ie fus contrainte de m'en aller en Picardie ou l'embarras des affaires que mon Mari m'auoit laissées m'obligea de demeurer deux années entieres. I'écriuois à Mademoiselle tres-souuent, & elle me faisoit l'honneur de me faire réponse: mais ce commerce n'estant pas si frequent que ie le voulois, je suppliay Mademoiselle de me faire l'honneur de me mander les intrigues, ie ne manquois pas de luy faire sçauoir celles dont ie pouuois auoir connoissance. Ie luy écriuois en vers, & luy enuoyois quelquefois des chansons, connoissant qu'elle les aymoit fort, & qu'ainsi ie la diuertirois autant absente que presente. La Cour fit vn voyage à Amiens, & ne m'en trouuant éloignée que de douze lieuës, ie luy enuoiay faire compliment. Elle me commanda de la venir trouuer, & elle me traitta fort bien dans le peu de temps que ie demeuray auprés d'elle ; & comme ie ne cherchois qu'a me faire valoir, ie me seruis des moyens que i'auois de rendre de mauuais offices à quelques personnes. L'amitié qu'elle auoit pour moy pendant le temps que i'y fus augmenta de sorte, que tout l'Hiuer suiuant elle m'écriuit auec plus de soin que par le passé. L'année d'apres elle vint encore auec la Cour à Amiens. Vous remarquerez s'il vous plaist que la vie de la campagne m'auoit fait deuenir deuote. Ie ne sçay si c'estoit faute d'autre occupation, ou par quelque autre raison, car dans ma Prouince ie ne suis pas trop aymée mon humeur n'estant pas compatible auec beaucoup de gens. Cette deuotion m'auoit renduë beaucoup plus fassonniere qu'a mon ordinaire, de sorte que ie craignois que cela ne déplust à Mademoiselle ; toutefois ie sçeus si bien me contraindre que cette peur ne me dura gueres de temps, mais comme les ieunes personnes font ce qu'elles voyent faire aux autres, Mademoiselle deuint deuote auec vn emportement extraordinaire, en sorte que jamais je ne fis mieux ma Cour qu'en ce temps-là: Et à peine y euſ-je eſté huict iours que i'en pris tout à fait l'air; Car ayant appris que Monſieur le Cardinal faiſoit eſperer à Mademoiſelle d'épouſer l'Empereur qui eſtoit veuf, & qu'elle donnoit fort dans ce panneau; ie me ſeruis de cette conjoncture: & comme Monſieur d'Auaux mon Oncle eſtoit alors Plenipotentiaire à Munſter, entre les mains de qui auroit deu paſſer l'affaire, ſi veritablement Monſieur le Cardinal l'euſt voulu, ie luy dy que i'en auois ſceu des nouuelles par vn Monſieur de Prefontaine, que Monſieur d'Auaux auoit enuoyé à la Cour. Les nouuelles que ie luy dis là deſſus eſtoient tres-bonnes, auſſi comme elles eſtoient inuentées, il ne me couſtoit rien de les faire telles, elle ne manqua pas de les croire eſtant entierement perſuadée que Monſieur d'Auaux la ſeruiroit parce qu'elle l'aymoit beaucoup; de ſorte que Mademoiſelle augmentoit tous les iours l'amitié qu'elle auoit pour moy, qui ne venoit que de la croyance qu'elle auoit que la choſe ſe pouuoit faire. Nous fuſmes deux mois à Amiens, ou ie me faisois considerer par là, sans que veritablement ie sceusse rien du monde. Ce Presontaine me venoit voir tous les iours chez elle, & s'il arriuoit qu'elle s'approchast de luy & de moy, lors que nous estions ensemble, ie luy disois *vous gasterez tous si vous luy parlez*. Ie le faisois passer pour vn Ministre important, & en effet il l'estoit pour moy, puis qu'il seruoit à mon dessein. Comme il a beaucoup d'esprit, il voyoit bien qu'il y auoit en cela du mistere, quoy que ie ne luy en fisse rien connoistre La necessité que i'auois de parler souuent de luy à Mademoiselle me faisoit luy en dire beaucoup plus de bien que ie n'en reconnoissois, dont ie me suis bien repentie depuis. La Cour partit d'Amiens pour aller en Normandie, i'accompagnay Mademoiselle jusques à vne iournée ou deux de Paris, & ayant pris congé d'elle ie m'en retournay chez moy. Le mesme suiet fournissoit toujours matiere d'écrire, mais ie ne chargeois pas Presontaine de mes lettres, ayant vn presentiment de ce qui est arriué, & ne desirant point qu'il fust connu de Mademoiselle, qui ne manquoit pas de luy demander de mes nouuelles autant de fois qu'elle le rencontroit. Le mariage de l'Empereur estant rompu, nos lettres furent moins frequentes. La Cour fit encore vn voyage à Amiens, mais vne grande maladie qui me suruint, ne me permit de la voir que lors quelle en partit, ainsi ie ne pus estre auec elle qu'vn moment, & ie me retiray assez satis-faitte. Pendant le temps de de mon absence, il se rencontra que Prefontaine alla rendre ses deuoirs à Mademoiselle laquelle estoit persuadée de sa probité & de son merite par le rapport que ie luy en auois fait, de sorte qu'adjoustant a tout ce bien que i'auois dit de luy, la connoissance qu'elle eut de ses bonnes qualitez, elle luy témoigna desirer que lors qu'elle auroit besoin de son seruice, il se donnast à elle : ce qu'il luy promit, & Mademoiselle luy commanda de ne le dire à qui que ce soit, non pas à moy mesme. Quelque temps apres elle me fit l'honneur de me commander de la venir trouuer pour quelque chose ou elle croyoit que ie luy pouuois rendre seruice. Vous remarquerez qu'il y auoit vn mois que tout mon équipage estoit prest pour m'en aller à Paris, mais ie desirois qu'elle m'en fist vn commandement exprés, afin de faire voir dans ma Prouince combien i'estois necessaire puis que l'on m'enuoyoit querir, & n'oubliant rien pour faire valoir aupres d'elle la promptitude auec laquelle ie luy obeyssois, ie partis au premier ordre que i'en reçeus. I'arriuay justement à St. Denis le iour de la Toussaints, ou Mademoiselle estoit pour lors : Elle m'y receut auec des honneurs & des amitiez toutes extraordinaires, & pour m'engager encore plus dans le dessein auec lequel ie venois de la gouuerner, & de faire paroistre le credit que i'auois sur son esprit, il se rencontra la conjoncture du monde la plus fauorable pour faire reussir tous mes desseins, Mad. auoit dit qu'elle s'ejourneroit le lendemain encore à S Denis, neâtmoins vn peu apres que i'y fus arriuée, elle receut vne nouuelle de Paris qui l'obligea de partir. I'auois ma Fille auec moy que ie voulois laisser dans vn

Couuent qui est à la Villette, à cause des maladies qui estoient pour lors à Paris. Ie suppliay Mademoiselle en passant de me faire entrer dans ce Couuent pour le voir. Tout le monde crut que c'estoit la cause de son promt départ, & que ce n'estoit qu'à ma consideration qu'elle auoit changé de dessein. Quoy que ie sceusse bien le contraire, ie ne laissois pas de me flatter de cette belle apparence, & ie pris assez de plaisir à voir que Madame la Comtesse de Fiesque preuoioit par ces beaux commancemens, que la suitte ne luy seroit pas fort fauorable. Mademoiselle tomba malade le soir qu'elle arriua en cette Ville, & la petite verole parut deux iours apres. Ie ne marchanday point à m'offrir de luy rendre tous les soins & les seruices dont i'estois capable pour l'assister pendant sa maladie & pour demeurer aupres d'elle : Et comme elle n'acceptoit pas d'abord les offres que ie luy faisois, ie la pressay si fort que ie l'obligeay d'y consentir. Ie voyois & auec assez de raison que ie luy faisois vn seruice assez considerable, & qui me deuoit sans doute faire esperer vne grande recompense, tant pour m'asseurer de la possession de ses bonnes graces, que pour esperer ses bien-faits, lors qu'elle seroit en estat de m'en faire. Ie considerois d'ailleurs que i'estois d'vn âge desia assez auancé, & que ce qui me restoit de beauté ne me deuoit pas faire aprehender beaucoup, que tout ce que i'auois à faire estoit, pendant ce temps qu'elle ne parleroit presques qu'a moy, de m'impatroniser tellement de son esprit, qu'il luy fust impossible de se passer de moy, & de la necessiter à luy estre necessaire; ainsi ie conceus de belles esperances, & elle contribuoit de iour à autre à me les augmenter. Comme elle n'ignoroit pas que la petite verole estoit vne espece de maladie contagieuse, & que les personnes qui en sont marquées donnoient quelque auersion d'elles à ceux qui les approchent, elle me remercioit de moment à autre de ce que ie n'auois pas témoigné le moindre dégoust de la voir en l'estat qu'elle estoit, quoy qu'elle ne fust pas fort marquée, & elle me disoit mille choses obligeantes. Lors

qu'elle

qu'elle se trouua mieux & que son mal luy permit de parler (car elle ayme fort la conuersation) ie me rendy encore plus assiduë que ie n'auois pas esté. Il n'y auoit que le seul Monsieur de Saujon vostre frere qui venoit tous les iours la voir, & comme c'est vn homme pour qui ie voyois qu'elle auoit de l'estime & de la bien-veillance, i'aurois mal fait ma Cour si ie luy eusse plaint ce peu de temps qu'il estoit auec elle pour luy pouuoir parler, voyant qu'il estoit fort bien dans son esprit, & quelle auoit aussi beaucoup de croyance en luy. Ie fis dessein de faire connoissance auec cét homme afin de nous vnir si fortement ensemble, que de nos deux faueurs il ne s'en fist qu'vne, & que nous nous pussions maintenir l'vn l'autre contre tout ce qui pouroit ariuer. Le bon-heur voulut pour moy que Mademoiselle contribua a ce dessein car elle me tint la dessus ce discours. *Ie veux que Saujon vous connoisse & qu'il soit de vos amis* Vn peu apres qu'elle eut dit ces paroles, il me vint en pensée que si elle se mettoit dans la teste de me le faire épouser, cela feroit vn fort bon effet pour moy. I'estois en peine comment ie ferois courre ce bruit-là, quoyque i'eusse pourtant vne pensée toute contraire : mais ie croyois par cette esperance l'attacher plus fortement à mes interests, & que cela ne déplairoit pas à Mademoiselle. Heureusement pour ce projet Monsieur de Froulé vint chez Mademoiselle auant mesmes qu'elle fust veuë du monde & dans la conuersation qu'il eut auec elle, il luy fit en raillant la proposition de ce mariage. Mademoiselle ne témoigna pas l'approuuer & elle m'en parla le soir comme d'vne chose qui ne luy auoit pas pleu, de sorte que pour entrer mieux dans son sens, deux iours se passerent sans que ie parlasse en aucune fasson à Monsieur de Saujon, dequoy Mademoiselle s'apperceuant me gronda aucunement & me tint ces mesmes paroles. Vous estes vne fassonniere, ie veux que vous viuiez bien auec luy & que vous luy parliez comme si de rien n'estoit. Ie receus cét ordre auec ioye, mon intention estant de le faire quand mesmes il ne m'auroit pas esté prescrit.

Pendant tout ce temps-là Prefontaine venoit tous les iours me voir plustot pour sçauoir des nouuelles de Mademoiselle que des miennes, & voyant que ie prenois quelque plaisir à m'entretenir auec luy & que ie taschois à le faire parroistre, Mademoiselle me dit vn iour ! ha ie ne puis souffrir vostre Prefontaine, il vous empesche d'estre icy. Ie trouuois qu'il me valoit tousiours quelque chose, puis que sans luy l'on ne m'auroit pas tenu de tels propos, mais il m'a bien valu veritablement & d'vne autre maniere; i'en disois sans cesse du bien, & ie me suis emportée mesmes plusieurs fois à luy dire que ie souhaiterois auec toutes les passions du mõde qu'il eut l'honneur de la seruir, & que ie répondrois de luy cõme de moy-mesme. Mademoiselle me répondit à ce discours de la sorte, hé bien Madame, ie le pourrois faire vn iour à vostre consideration, & en effet il me plaist assez : aquoy ie ne répondis pas ce que ie pensois. Ie le fis entrer vn iour dans la chambre de Mademoiselle, & voyant qu'elle luy parloit tout bas pendant vn quart d'heure, i'eus quelque soubçon de cét entretien, mais ayant reconnu qu'il estoit mal fondé, il ne demeura pas long-temps dans mon esprit. Aprés que Mademoiselle fut guerie & qu'elle pût voir le monde, ie continuay d'estre tousiours parfaitement bien auec elle, dont ie receuois assez de marques. Car lors que i'entrois dans sa chambre, elle venoit au deuant de moy, & lors que ie ne me rendois pas assez tost chez elle, mille valets de pied estoient commandez pour dire que ie vinsse au plustot, adioustez a cela mille secrets que l'on voyoit qu'elle me disoit, & vn empressement si grand pour moy qu'elle quittoit tout pour m'entretenir. Cela ne donnoit pas peu de jalousie a ceux qui estoient aupres d'elle, me voyant si recherchée & si estimée. Le malheur voulut, i'eus vne petite querelle auec elle pour quelque chose que ie luy voulus faire faire, à laquelle elle ne voulut pas consentir: Et bien que i'eus recours aux prieres & aux larmes, ie reconnus que ie les auois employées inutilement. Cette fermeté que Mademoiselle témoigna en cette occasion me donna quelque alarme qui me fit croire que ma faueur n'estoit pas au point ou ie la croyois. Ie ne fus pas neantmoins traittée moins bien d'elle qu'a l'ordinaire, excepté que quand il estoit question de luy faire faire quelque chose, elle n'y entendoit pas volontiers. Quoy que i'en fusse fort touchée, ie sentois bien que ie n'auois qu'a ne me pas commettre en public, & qu'il n'importoit pas pourueu que personne n'en sceust rien. Cependant Prefontaine luy rendoit ses deuoirs auec grand soin, ce qui me deuint entierement suspect, & s'apperceuant de mon inquietude, elle me dit quelle l'auoit engagé a se donner a elle il y auoit sept ou huict mois. Ie vous auouë que dés ce moment ie conceus autant de hayne pour luy que i'auois d'amitié, & autant de mépris que i'auois d'estime, me resoluant d'employer toutes choses pour le perdre auprés d'elle, & d'empescher par toutes sortes de voyes qu'il ne fust pas à son seruice: Et comme la chose n'estoit pas presente, ie croyois auoir assez de temps pour la pouuoir rompre. Comme Mademoiselle a l'esprit fort pénetrant, & qu'elle reconnoissoit quelques fois les plus cachez sentimens de mon cœur, quelque finesse que i'employasse pour les luy déguiser, elle s'apperceut au moment qu'elle me dit la chose, que ie n'en auois pas trop de satisfaction. A quelques iours de la, elle voulut voir si i'estois dans les mesmes sentiments touchant le choix qu'elle auoit fait de Prefontaine, faisant ce quelle pouuoit pour m'en faire dire du mal : mais a ce mal-heureux moment ie ne pûs jamais trahir la verité, comme i'ay fait depuis, car ie luy en dis toutes les mesmes choses que ie luy en auois dit tant de fois. Mademoiselle partit vn peu apres pour aller a Compiegne auec la Reyne, & elle me fit l'honneur de me mander quelque fois de ses nouuelles. I'eus en ce temps-là le plus grand déplaisir du monde de ce que Saujon ayant esté enuoyé en Allemagne, elle ne me voulut pas confier ce segret, & quoy que ce fust faire tort a ma faueur & à la confiance que Mademoiselle auoit tousiours euë en moy, ie vous auoüe que i'auois vne trop veritable amitié pour n'estre pas bien aise qu'elle ne me l'eust pas dit, par ce que ie voyois que Monsieur le Cardinal qui l'auoit engagée à consentir à ce redicule voyage luy auoit dit ces mesmes paroles. Si vous le dites à Madame de Fouquesolles, elle ne manquera pas de le dire à Monsieur d'Auaux qui le desconseillera sans doute à Monsieur, car il sçauoit bien que Monsieur d'Auaux estoit trop homme d'honneur pour conseiller vne telle chose à Monsieur, & qu'il auoit aussi vne trop veritable amitié pour Mademoiselle, & que tous deux auoient trop de creance en luy pour ne pas contrarier la proposition de Monsieur le Cardinal : Et apres auoir fait cette reflection iuste & raisonnable, ie trouuay à propos d'écrire à Mademoiselle la dessus, & elle me fit vne réponse que ie trouuay vn peu ambiguë. Lors qu'elle fut de retour entre plusieurs propos que ie luy tins, ie la fis tomber sur celuy là, & comm e ie pris l'affaire du ton dont ie viens de parler, elle reconnut que i'auois raison. Cela l'obligea de m'en entretenir tout au long, & de ne m'en rien cacher,

& comme de ma part ie luy auois découuert toutes mes pensées la dessus, ie songeay que i'auois fait vne grande faute, en luy faisant voir celle que Saujon auoit faitte en acceptant cette commission, & que cela pouuoit faire deux effets que ie ne voulois pas qui arriuassent ensemble, l'vn qu'ayant fait cette faute, cela luy donneroit du mépris de son iugement de l'auoit commise, & de s'estre laissée emporter aux persuasions du Cardinal; l'autre que Mademoiselle ne le prenant pas de cette maniere, elle le luy manderoit, & ainsi elle me broüilleroit auec luy & m'osteroit lieu d'y auoir commerce. Ie racommoday ma faute le lendemain le mieux que ie pùs, & comme Monsieur d'Auaux la deuoit aller voir, qui estoit vn homme sincere, & quelle connoissoit pour tel, a la parolle de qui elle adjoustoit grande foy, ie le fus trouuer pour luy dire que lors qu'il auroit vn esclaircissement auec Mademoiselle de ce qu'elle ne luy auoit rien dit, qu'il n'entrast pourtant point en matiere sur toutes les choses dont ie l'auois entretenüe par

ce que

ce que c'eſt vne perſonne qui abonde en ſon ſens & qu'il en ſeroit infailliblement hay s'il penſoit la contrarier, ie le priay auſſi de dire a Mademoiſelle qu'il croyoit que Saujon reuſſiroit bien dans ſon employ, & qu'il eſt d'humeur aſſez propre pour négotier auec des Alemans, bref ie le conjuray tant qu'a la fin il me promit de faire ce que ie deſirois de luy, ce fut neantmoins auec quelque peine, car il haiſſoit le menſonge & a debiter des choſes contraires a celles qu'en ſa concience il croyoit eſtre veritables. Aprés que la conuerſation d'elle & de Monſieur d'Auaux fut finie, ie remarquay quelque gayeté ſur ſon viſage, & ie crûs luy pouuoir demander ſi elle trouueroit bon que i'écriuiſſe à Monſieur de Saujon, afin que ie puſſe entrer en commerce auec elle; pour l'auoir apres en ſuitte auec luy, & me l'ayant accordé, ie reconnus bien que c'eſtoit par mes ſoins que i'eſtois paruenuë a me meſler de cette intrigue. Mademoiſelle partit alors pour aller en Guyenne: ie ne manquois pas de luy écrire tous les iours, & afin de pouuoir nui re plus finement à Presfontaine auprés d'elle lors qu'elle seroit de retour, ie crûs que paroissant d'estre auec luy en bonne intelligence pendant le voyage de la Cour, ie serois plus en pouuoir de le faire efficacement : de sorte que ie luy donnois toutes mes lettres pour les faire tenir à Mademoiselle, laquelle nous croyoit mieux que jamais ensemble. Ie luy écriuois des lettres pleines de contes ambigus qu'elle ne pouuoit éclaircir qu'auec beaucoup de peine. Ie m'auisay mesme pour luy appliquer d'auantage l'esprit de me seruir du chiffre de Monsieur de Saujon que i'attrappay, iugeant à propos de luy écrire de la sorte, affin que le temps qu'elle employoit à me faire réponse en chifre, luy ostast celuy qui luy restoit pour écrire à d'autres qui l'auroient pû détromper de toutes les menteries que ie luy mandois. Car desirant broüiller auec elle toutes les personnes qui y estoient bien, ie luy en inuentois des histoires toutes entieres, ou il n'y auoit pas vn seul mot qui fust veritable, & ie desobligeois chaque personne selon l'vtilité qui m'en reuenoit, son éloignement me donnant la liberté de le faire entierement, & luy ostant le pouuoir de s'en éclaircir. La facilité que ie voyois qu'elle apportoit à receuoir toutes ces impressions que ie luy donnois des gens à qui ie voulois nuire me faisoit continuer affin qu'elle les traittast à son retour d'vne maniere qui les obligeast à ne la plus reuoir. I'auois vn grand dessein en teste duquel ie ne luy parlois pas ouuertement, mais i'en esperay le succez comme infaillible, voyant augmenter de moment à autre le goust que mes artifices auoient fait naistre en elle. Ie luy écriui lors que la Cour estoit à Fontaine-bleau pour auoir permission de l'y aller trouuer ; mais ne l'ayant pas desiré, ie luy fis faire des complimens par Presontaine. La premiere chose qu'elle me dit lors qu'elle fust arriuée en cette ville, fut qu'elle & Presontaine auoient passé vne heure entiere à parler de moy, & qu'elle luy auoit dit tout ce que ie luy auois mandé. Ce discours me déplut fort, & ie ne pûs m'empescher de luy repartir qu'il la tromperoit infailliblement, & qu'elle luy en disoit trop. Elle demeura vn peu surprise de cette liberté de parler, n'ayant pas pris iusques à cette heure cette authorité de luy dire ainsi mes sentimens : mais m'imaginant auoir fait vn assez grand progrez dans son amitié pour en vser de la sorte, ie croyois ce me sembloit n'auoir plus rien à ménager, & que tant plus i'empieterois sur son esprit, plus ie la tiendrois dans la dépendance, mais le temps m'a fait voir que ie me suis bien trompée : car lors que ie croyois la mieux tenir, elle s'échappoit de moy peu a peu & si imperceptiblement que ie ne m'en pouuois jamais apperceuoir. Sans cela peut-estre aurois-je eu encore assez de conduite pour changer la mienne, & pour ne la pas laisser faire.

Le peu d'habitude que i'ay de mettre les choses par écrit, fait qu'elles ne sont pas icy dans l'ordre qu'elles deuroient estre. Car quand i'ay parlé du dessein que i'auois pendant la petite verole de Mademoiselle de faire habitude & amitié auec Saujon, i'ay obmis a vous faire sçauoir quel succez il auoit eu. Ie vous diray donc que nous contractâmes en ce temps vne grande amitié, qui a continué depuis auec bien plus de force, quoy quelle ne parût pas. Car estant parti d'icy pour aller en Allemagne sans me le dire ou pour m'expliquer mieux, sans tesmoigner de ma part que i'en sceusse chose du monde, cette reserue me fit voir quil se disoit beaucoup de choses entre Mademoiselle & luy, ou elle ne vouloit pas que i'eusse part, ausquelles pour se mesnager il feignoit de ne m'en donner aucune. Mais ce n'estoit pas encores là le but principal ou i'aspirois, ce n'en estoit que l'accessoire, & vous verrez que ie n'é voulois pas demeurer là. Vous sçaurez donc Madame que pendant le voyage de Monsieur de Saujon vostre frere, ie me mis tousiours de tiers en toutes choses entre Mademoiselle & luy, & vous vous souuiendrez aussi s'il vous plaist que ie recherchay vos bonnes graces dont ie croyois auoir besoin, tant pour les interests que vous me pouuiés mesnager auprés de Mademoiselle qu'auprés de Monsieur: ioint que ce métoit vne chose tres-honorable, & qui ne pouuoit que faire vn trés bon effet pour

..., que de paroiſtre dans la derniere familiarité auec vne perſonne qui eſtoit dans la faueur ou vous eſtiez. Vous n'ignorez pas ce que ie fis pour y paruenir, & il n'eſt pas neceſſaire de vous dire que ie vous donnay beaucoup d'auis dont il ne tint qu'a vous de profiter; & d'ailleurs comme ie vous connoiſſois fort charitable a ſecourir les neceſſitez des pauures i'eſtois bien aiſe de vous donner des moiens de leur faire du bien, en vous produiſant des perſonnes qui auoient des expediens pour vous en faire donner, ſçachant que l'on n'en ſçauroit trop auoir quand on le diſtribuë a propos & pour le ſoulagement de ſon prochain.

Vous ne trouuerez pas mauuais que ie vous die que vous preſtiez l'oreille aſſez volontiers a ces donneurs d'aduis, dans l'auidité que vous témoigniez auoir pour les choſes qui peuuent produire de l'argent, & que vous ayant pris par vn endroit qui vous eſt tres ſenſible, nous contractâmes vne amitié tres eſtroite. Comme ie voyois que ie vous pouuois confier mes penſées auec toute la ſeureté poſſible par la durée de l'intelligence parfaitte qui estoit entre vous & moy, ie vous fis part du dessein que i'auois de gouuerner Mademoiselle auec Monsieur de Saujon, & que pour cét effet il falloit que ie trauaillasse à oster tous les obstacles qui m'empeschoient d'y paruenir. Ie vous exposay librement le projet que i'en auois fait, & vous conuinstes auec moy que vous ne parleriez à Mademoiselle que des choses ou vostre frere pourroit auoir vn interest commun auec le mien: mais que pour les choses qui me regardoient en mon particulier, que vous ne luy en diriez rien: qu'a la verité si elle vous en demandoit vostre auis, vous luy en donneriez tousiours d'vtile pour l'auancement de mon dessein & que vous la fortifieriez dans les choses qui seroient à mon auantage. Vous adjoustâtes que vous ne parleriez de rien à Monsieur qui pourroit concerner Mademoiselle, sinon que lors qu'elle vous ordonneroit de le faire ne vous estant iamais voulu mesler d'aucune affaire, & qu'en l'estat ou vous estiez, & eu égard à la vie que vous meniez, vous croyés vous en pouuoir diſpenſer, comme auſſi de rendre de mauuais offices a perſonne auprés de Mademoiſelle. Voila l'accord que nous auions fait enſemble auparauant que Mademoiſelle fuſt arriuée de Guienne.

Ie vous ay doncques aſſez informée de ce qu'elle me dit de Prefontaine lors qu'elle fut de retour en cette Ville, & le dépit que i'eus d'apprendre d'elle qu'il auoit ſceu toutes les choſes que ie luy eſcriuois. Le lendemain que vous & moy ſoupâmes auec Mademoiſelle nous nous entretinſmes de tous les contes que ie luy auois écrits pendant le voyage, & voyant qu'elle y prenoit quelque plaiſir, Dieu ſcait comme i'y rencheriſſois. Pluſieurs iours ſe paſſerent de la ſorte pendant leſquels ie reçeus toutes les demonſtrations d'vne parfaitte bienueillance; Il y auoit neantmoins vne choſe qui me déplaiſoit infiniment, c'eſt qu'elle faiſoit trés-bonne chere aux gens contre leſquels ie l'aigriſſois le plus. I'en vins iuſques la de luy reprocher ſouuent le peu de difference qu'elle faiſoit des gens qui l'aimoient veritablement,

& le

& de ceux qui en faiſoient ſemblant. Ie reconnus par la ſuitte qu'elle fut rebutée de ce frequent diſcours dont elle penetroit bien la cauſe. Ie ſcay bien, me répondit elle, faire quelque difference entre les gens, mais ie ſcay auſſi fort bien connoiſtre lors que pouſſez par quelque intereſt particulier, ils font croire aux autres, des choſes a quoy ils ne ſongent pas, ainſi ie ne me gouuerne pas a la fantaiſie dautruy, quand ie n'aurois pas pour eux toutes les inclinations du monde il y a des raiſons ou la conſideration de ſoy meſme doit paſſer par deſſus toutes les autres. Ie vous auouë que ce diſcours me mit au deſeſpoir, & que ie vis par là toutes mes eſperances ruinées, & tous mes deſſeins renuerſez. Ie pris neantmoins courage & ayant remarqué que la perſeuerance ſurmonte tout, particulierement auprés des grands, ie ſongeay que ie ne me deuois pas rebuter en quitant la partie, mais que ie deuois fortifier mon ame contre tous les attaques qu'on me liureroit, dreſſer quelque autre nouuelle batterie pour pouoir eſtre touſiours ſur mes pieds

& en estat d'agir de bonne sorte. Neantmoins auec toute ma fermeté & toute ma resolution, il me parut dés ce moment que son amitié diminuoit sensiblement pour moy, qu'elle s'ennuyoit de ma conuersation, bref ce n'estoient plus ces entretiens, & ces bonnes cheres d'autrefois. Ie ne laissois pas pourtant de luy rendre tousiours les mesmes soins que ie faisois auparauant, quoy qu'il ne fussent pas reconnus de mesme.

Quelque temps aprés Monsieur d'Auaux mon Oncle mourut, & Mademoiselle prenant occasion de me faire l'honneur de me visiter à cause de la perte que i'auois faite, elle me témoigna mille bontez & me dit beaucoup de choses obligeantes. Ie fus quelques iours sans la voir, tant pour rendre les deuoirs de parenté, que pour les démeslez que i'eus pour la succession de mon Oncle, pour laquelle ie me broüillay auec toute la famille, auec qui mon humeur ne m'a jamais permis de viure longtemps sans faire naistre quelque dissension. A la premiere visite que ie rendis à Mademoiselne pour la remercier de l'honneur qu'elle m'a-uoit fait, entre autres choses dont elle m'en-tretint, ie suis, me dit-elle, sur le point de de-mander à Monsieur de ioüir de mon bien, & comme i'auray besoin de gens pour me seruir dans mes affaires, ie vous prie de demander de ma part à Presontaine s'il n'est pas tousiours dans le dessein de me tenir la parole qu'il m'a donnée. Elle continua de me parler de luy en des termes fort obligeans. Vous iugez bien si cette commission me fut fort agreable. Ie re-cherchay tous les moyens pour m'en pouuoir mal accquiter sans que cela parust. Ie songeois aprés comment ie pouuois luy faire mal rece-uoir cette proposition, & en verité il n'y a rien que ie n'eusse fait pour cela, puis-que c'estoit le plus certain augure de ma défaueur. Car de me dire qu'elle prenoit vn homme contre qui ie luy auois témoigné assez de fois de l'aigreur, de prendre dis-je vn tel homme sans m'en deman-der mon auis, ou au moins s'il estoit bien main-tenant auec moy, n'estoit ce pas me donner tout le déplaisir qu'elle me pouuoit faire. Mais comme il falloit diſſimuler, & témoigner de la ioye lors que i'auois le moins de ſujet d'en auoir, ie jugeay qu'il falloit ſonger à gagner d'vn coſté quand ie me voyois perdre d'vn autre. Schachant donc que Mademoiſelle continuoit dans la volonté de ioüir de ſon bien, ie formay auſſi-toſt le deſſein de luy donner mon frere pour Intendant de ſa maiſon. Et quoy que vous ayez eu beaucoup de part dans cette affaire, ie ne laiſſeray pas pourtant de vous dire la maniere dont ie fis reuſſir ce deſſein.

Ce fut vous Madame que Mademoiſelle chargea d'en parler à Monſieur, lequel ne témoigna pas deſapprouuer le choix qui auoit eſté fait de mon frere; & comme l'affaire n'eſtoit pas encore tout à fait concluë, i'eſtois entre la crainte & l'eſperance. I'en conceus neantmoins bonne opinion quand elle nous dit ces paroles. I'ay deſſein de prendre vn Conſeiller de la Cour pour l'Intendant de ma maiſon, ie ſcais que Monſieur les aime, & ie pretens auſſi faire par ce choix ma cour auprés de luy, mais ie me garderay bien de prendre vn vieux barbon qui me gronderoit sans cesse. En effet comme elle ne connoissoit point aucun de ces vieux Conseillers, elle s'imaginoit que ceux qui estoient d'vn âge auancé, estoient des gens bourus & incommodes dont l'humeur estoit insupportable, & l'esprit aussi fascheux que leur mine est desagreable. Vous vistes bien que ce discours me donna beaucoup de ioye, & qu'elle parut sur mon visage quelque effort que ie fisse pour l'en empescher, par ce que ie iugeois qu'il n'estoit pas encore temps de le faire. Ie disois en moy-mesme, mon frere pourroit estre son fait, puis-qu'elle desire vn ieune Conseiller pour Intendant. Et comme i'ay tousiours preferé mes interests aux siens, ie me souciois fort peu de luy proposer vne personne comme estoit mon Frere. En effet quand ie considerois que c'estoit vn garçon de vingt cinq ans, qui ne faisoit que d'entrer dans le Parlement, qui n'estoit presque pas connu dans le monde, qui n'auoit ny acquis ny experience, quoy qu'il ne soit pas entierement despourueu de quelques bonnes qualités, que la proximité ne me permet pas de dire, mais ces qualitez estoient encore si peu connües que i'exposois infailliblement Mademoiselle à estre blasmée vniuersellement du choix qu'elle auoit fait de mon frere. Ie m'en consolois neantmoins tres-facilemēt quand ie pēsois que i'entendrois dire a tout le mōde: c'est Madame de Fouquesolle qui la mis en cette place. Cette seule pensée dis-ie me flattoit tant, qu'elle me faisoit aisément oublier tout ce que ie deuois a sa reputation, me souciant fort peu de sacrifier son iugement qui fut veritablement fort condamné en ce rencontre pourueu que mon interest fust entierement satisfait. Vous scauez donc Madame que ie vous proposay la chose, & que vous l'embrassâtes auec beaucoup de chaleur. I'auoüe Madame que ie vous ay des obligations infinies d'auoir agi pour moy en ce rencōtre, & cōme vous n'auez pas perdu vn seul moment pour mettre l'affaire que ie vous auois recommandée au point où ie la souhaittois. Monsieur vint chez Mademoiselle a qui il dit qu'il remettoit la possesſion de ſon bien, qu'elle eſtoit en âge de le gouuerner, & d'en donner la direction à qui bon luy ſembleroit.

Quand Monſieur fut ſorti Mademoiſelle vous appella, & moy pareillemẽt pour nous entretenir de ce que Monſieur venoit de luy dire & auec la promptitude qu'elle tient de ſa race, & celle de l'eſprit d'vne ieune perſonne, ne ſongeant pas que le choix d'vn Intendant eſtoit vne choſe aſſez conſiderable pour ſon ſeruice, elle ſe mit a nous interroger ſur qui elle pouuoit ietter les yeux pour remplir cette charge. Voyons, nous diſoit elle, tout a l'heure qui ie prendray pour mon Intendant. Comme vous auez beaucoup d'eſprit, vous l'employaſtes tout entier en ce rencontre, & vous luy propoſiez a deſſein certaines gens que vous ſcauiez bien qu'elle ne prendroit pas, & en effet la faiſant donner dans voſtre ſens, elle ne manquoit pas de dire qu'ils eſtoient trop vieux. I'en ſcay bien vn dit elle, qui eſt ieune, & qui eſt de bonne race, elle dit des choſe particulieres, & marqua ſi bien mon frere qu'il ne reſtoit plus qu'a le nommer. Nommez-le, vous disoit elle ; & vous le nomastes, sur quoy elle témoigna qu'elle vouloit mon frere pour son Intendant, vous chargeant d'en parler a Monsieur qui fit paroistre que ce choix ne luy déplaisoit pas. Ainsy la chose reussit comme ie l'auois souhaitté.

Voyant donc mon frere estably, ie songeay qu'il falloit rendre conte a Mademoiselle de la proposition qu'elle m'auoit commandé de faire à Prefontaine. Ie vous auouë que ie me seruis de tous les artifices que mon esprit me pût suggerer pour l'empescher d'accepter la charge de Secretaire des Commandemens de Mademoiselle que ie luy allois offrir de sa part : Et quand ie luy dis que ie l'auois veu pour cela, ie luy fis connoistre qu'il faisoit extremenent le renchery & le difficile, & qu'il auoit mille raisons pour ne pas accepter l'honneur qu'elle luy vouloit faire, affin de la degouster de se seruir de luy. Ie vous auouë que toutes les fois que ie l'auois entretenu, i'auois fait tout ce que i'auois pû pour luy faire comprendre que Mademoiselle estoit vne creature difficille a seruir,

adioustant

adjouſtant a cela toutes les choſes que ie pouuois inuenter pour luy oſter le deſir de ſe donner a elle, & il me ſembla que i'auois trauaillé auec quelque ſuccez. Car comme il ne la voioit qu'vne heure dans le iour, & dans ſes belles humeurs, il ne la pouuoit pas connoiſtre ſi parfaittement que moy qui l'obſeruois depuis le matin iuſques au ſoir; & qui ſçauois mieux que luy ſi elle eſtoit bizarre & inegale, & qu'vn honneſte homme auroit de la peine a s'aſſujettir a vne perſonne faite de la ſorte. Il redoutoit toutes ces choſes que ie luy faiſois valoir auec toute l'adreſſe poſſible, joint que ie luy propoſois d'entrer dans la maiſon de Mademoiſelle d'vne maniere qui ne luy plaiſoit pas. Mademoiſelle que ie ſçay eſtre tres aiſe de ſe rendre Maiſtreſſe de quelque choſe, teſmoigna d'eſtre faſchée de ne l'eſtre pas de Monſieur de Preſontaine quand elle le ſouhaittoit, & ie m'aſſeure que de la façon que ie fis mon rapport ie diminuay l'enuie qu'elle auoit de l'appeller auprés d'elle, tellement que plus ie remarquois en elle de bóté & d'eſtime pour luy plus i'estois resoluë de l'esloigner de son seruice ; mais elle ne se pouuoit vaincre la dessus, & elle m'ordonna de luy reparler encore, & ce qui me desesperoit, c'estoit que ie me voiois contrainte de faire tout ce qui m'estoit possible pour luy faire conceuoir qu'il auoit le plus grand tort du monde de ne pas accepter toutes les choses que ie luy proposois & qu'il mesvsoit de la bonté de Mademoiselle. Mais auec tout cela Mademoiselle ne laissoit pas de l'excuser, ne voulant pas comprendre ce que ie luy en disois : ce qui me confirmoit dans la pensée que i'auois euë d'elle il y auoit long temps, que c'estoit la creature du monde la plus penetrante, qu'elle voyoit aussy bien que moy le fonds de mon ame, & qu'elle se mefioit extremement de moy. Enfin i'eus le plaisir de voir son affaire rompuë, & mon frere estably dans la place ou i'auois eu tant de peine à le mettre. Ie vous auoüe que ie ressentis deux grandes ioyes n'en pensant auoir qu'vne : mais ma mauuaise conduite fit que ie ne demeuray gueres en cét estat. I'écriuis cependant à Monsieur de

Saujon que i'auois rompu l'affaire de Prefontaine, mais que ie voyois par le grand desir qu'il auoit d'estre à Mademoiselle, & par celuy qu'elle auoit qu'il y fût aussi, que malgré toutes choses il y seroit, si l'on ne prenoit les precautions necessaires; qu'ainsi il faloit que chacun agist pour cét effet de son costé, & qu'absolument il ne falloit pas que Mademoiselle eust jamais personne qui ne dépendist que d'elle seule, ny qu'on vist chez elle d'autres gens que ceux qui auroient esté donnez par nous; qu'autrement nostre faueur s'en iroit en fumée: que Prefontaine estoit vn homme d'honneur & d'esprit qui ne s'assujettiroit ny a luy ny a moy, qu'ainsi nous deuions faire nôtre pouuoir pour luy nuire.

Aprés auoir fait ma dépesche, ie songeay que si i'en attendois la réponse qu'il se passeroit beaucoup de temps; cependant que Mademoiselle n'auoit pas vn Secretaire assez capable pour s'en seruir, & qui s'estoit desia mesmes broüillé auec mon frere, qu'il vouloit vendre sa charge, & qu'il estoit necessaire que cette place fust bien-tost remplie de quelque autre; i'en proposay vn a Mademoiselle qu'elle refusa deux ou trois fois, & nous eusmes mesme quelques paroles ensemble la dessus, & cõme elle auoit dessein de se défaire de tous ceux dont on luy parleroit, elle dit à mon frere qu'elle eust bien voulu qu'on eust encore reparlé à Presontaine: qu'elle sçauoit de certitude qu'il auoit de l'affection pour son seruice, & qu'il voudroit bien s'y engager. La mort de Monsieur de Mesmes estant arriuée dans ce temps là, ie deuins malade pour l'auoir assisté pendant sa maladie, & cela m'ayant empesché de voir Mademoiselle, mon frere me dit l'ordre qu'il auoit receu de voir encore vne fois Presontaine, qui n'en auroit jamais rien sceu si elle n'eust eu mesme temps chargé vne autre personne de luy en parler. Celuy là qui estoit vn de ses domestiques le trouua chez son frere ou il alloit solliciter quelque affaire. Cét homme luy dit que Mademoiselle se plaignoit de luy, & luy fit entendre son intention. Presontaine luy témoigna qu'il estoit prest d'obeir à Mademoiſelle en tout ce qu'il plairoit de luy commander. Vn moment aprés il me vint trouuer, & comme il eſt l'homme du mõde, à mon grand regret le plus ſincere, il me conta la choſe comme elle c'eſtoit paſſée, témoignant deſirer faire tout ce que Mademoiſelle luy commanderoit, & que pour ne pas manquer enuers moy (qui m'eſtois meſlée de l'affaire) & pour en vſer auec plus de franchiſe que ie n'auois pas fait auec luy, il me venoit trouuer pour me dire ce que Monſieur de la Tour luy auoit dit, & ce qu'il luy auoit répondu, me diſant qu'ayant commancé l'affaire, il deſiroit que ie l'acheuaſſe.

Comme ie ne pouuois pas le voir dans cette place, ie me ſeruis de tout ce qu'il m'auoit dit pour luy nuire. Ie vous manday auſſi-toſt, Madame, que l'affaire eſtoit racrochée, & que vous fiſſiez voſtre poſſible pour la rompre ; ie vous en propoſay les expediens : & ſi vous voulez rappeller voſtre memoire, c'eſtoit vn ſamedy le dernier iour de l'année 1650. Mademoiſelle reuenant de noſtre-Dame fut à Luxembourg où vous ayant veuë, Elle ne manqua de vous parler selon sa coustume & de vous faire part de toutes les choses qui se passoient chez elle, & ie veux bien vous ramenteuoir les propos qu'elle vous tint sur le choix qu'elle auoit fait. Enfin, vous dit elle, ie me suis défaitte de mon Secretaire, & i'auray Prefontaine. N'en estes vous pas bien aise continua-elle ? vous luy répondites que vous ne l'estiez nullement, & que vous ne le pouuiez pas estre, parce que c'estoit vn homme pour lequel Monsieur vostre frere n'auoit pas d'inclination, & que vous ne consentiriez jamais qu'elle le prist, qu'elle n'eust receu auparauant de ses nouuelles : qu'il alloit se former vne cabale de gens dans sa maison pour broüiller vostre frere auec elle par le moyen de cét homme là. Mademoiselle vous repartit qu'il ny auoit personne qui peust la broüiller auec vostre frere, mais quelle s'estonnoit fort de la maniere dont vous luy parliez, & qu'elle la trouuoit assez bizarre : qu'elle n'estoit ny de qualité ny d'âge à estre traittée de la sorte, & qu'elle ne deferoit pas tant aux conseils de veſtre frere que vous vous l'imaginiez, adiouſtant qu'il ne vous donneroit jamais conſeil de luy parler comme vous veniez de faire : qu'elle n'ignoroit pas d'ou cela venoit, & qu'au reſte il en ſeroit comme elle le voudroit.

Quand ie ſceus la reſponſe qu'elle vous auoit faite ie me vis hors d'eſperance de pouuoir rompre l'affaire : joint que ie connus qu'elle ſçauoit que tout venoit de ma part, & que c'eſtoit moy qui donnois les plus rudes attaques. Mademoiſelle conta le ſoir a mon frere tout ce qui s'eſtoit paſſé a Luxembourg, d'vne certaine maniere peu obligeante pour moy & beaucoup pour Preſontaine, lequel eut le lendemain l'honneur de l'aller ſaluer. Mademoiſelle demanda en ſuitte l'agrément de Monſieur qui parla fort obligeamment de Preſontaine : ce qu'a vous dire vray m'eſtoit autant de coups de poignard qu'on me donnoit dans le cœur. Ie ne laiſſay pourtant pas quoy qu'en me faiſant violence d'aller chez Mademoiſelle lors que Preſontaine y eſtoit, & je me trouuay preſente lors qu'il la remercia de l'honneur qu'elle luy auoit fait de le prendre a son seruice. Ie pris occasion de dire quelque chose a son auantage, mais ce fut de si mauuaise grace qu'il eust mieux valu que ie n'eusse rien dit. Toute cette grimasse ne fut que pour faire croire au monde que c'estoit moy qui l'auois donné a Mademoiselle, affin que quand ie luy ferois du mal, ainsi que i'en auois le dessein, s'il arriuoit qu'il s'en plaignist, ieusse aussy sujet d'en faire de mesme de luy & de l'accuser d'ingratitude. Vous voyez par la combien mon procedé estoit net, & qu'elle estoit la pureté de mes intentions. En fin voila Prefontaine estably dans la maison, nonobstant tous les empeschements que i'y auois apportez.

Considerant donc que tous mes efforts auoient esté iusques a cette heure inutiles ie trouuay occasion de le broüiller auec mon frere pour quelque chose qui regardoit leur charge. Mon frere en parla a Mademoiselle qui luy dit qu'il falloit voir comme l'on en vsoit chez Monsieur en pareille chose. I'auois dit a mon frere qu'il remist l'affaire a Mademoiselle, espe-

rant

tant qu'a ma consideration il l'emporteroit ? desirant voir par là si ie me verrois en estat de nuire a Presontaine. Elle ne voulut pas prononcer la dessus, & elle alla l'apresdiné a Luxembourg, ou vous pouuez vous souuenir qu'elle vous parla de cette contestation qui étoit entre mon frere & Presontaine: vous distes qu'il falloit voir la dessus Monsieur Goulas Secretaire des commandemens de S. A. R. & ne souhaittant pas qu'il en fust le Iuge, Monsieur arriua le plus à propos du monde, & jugea la chose a l'auantage de Presontaine, & mon frere fut condamné. Le monde dit que c'estoit vn tour de ieune homme, de s'estre commis a disputer vne chose sans s'enquerir auparauant quel succez il en pouuoit arriuer. Cela me donna vn double déplaisir, car c'estoit moy qui luy auois fait entreprendre cette affaire, & ie ne pûs m'empescher de pleurer quand i'en parlay à Mademoiselle, & pestay contre Presontaine bien que ce fust sans effet. Ie luy fis la mine autant de fois que ie l'allois voir, mais elle y auoit fort peu d'égard, & elle témoignoit de la dureté, lors que ie la voulois attendrir. Ie remarquay qu'elle commança à s'ennuier de moy & que mes visites luy deuenoient à charge. Or comme il y auoit desia fort long-temps qu'elle auoit presenti que ie la voulois gouuerner, & que ie faisois tout ce qui m'estoit possible pour le persuader a tout le monde, elle s'estoit tellement imprimé cela dans l'esprit, que bien qu'elle ne m'en dist rien, tous mes soins luy deuenoient incommodes, & ma sujetion luy estoit a charge. En quoy ie reconnus, mais trop tard, que le grand dessein que i'auois & qui luy auoit si fort deplû, n'auoit plus perduë auprés d'elle que toute autre chose. Mais comme il luy restoit encore plus de bonté pour moy que ma conduite vers elle ne meritoit, elle ne vouloit rien témoigner de peur de me faire des ennemis, attendant à faire parroistre sa colere en quelque autre occasion, connoissant bien par mon procedé que ie luy en donnerois assez de matiere, imitant en cela ceux de sa maison, lesquels lors qu'ils ont sujet de se plaindre de quelqu'vn, ils n'ééclattent jamais sur les grands sujets, mais plustost sur vne bagatelle, laquelle ils trouuent le moyen de grossir par vne recapitulation de toutes les choses passées, que leur memoire leur fournit tousiours au besoin, & cette bagatelle se grossissant se trouue a la fin vn crime considerable par la quantité d'autres qui s'y trouuent joints.

Mademoiselle en a pourtant vsé autrement dans mon mal-heur, n'ayant pas imité en ce rencontre les Princes & les Princesses de sa maison les surpassant tous en bonté & en generosité, & i'ayme bien mieux dire que ça esté par la premiere raison qui est la plus obligeante pour moy. N'est il pas vray qu'aprés cela ie deuois me retirer si i'eusse esté bien conseillée; peut-estre qu'en la voyant moins eût elle changé de sentiment pour moy, & que ie luy aurois donné sujet de croire que i'en aurois aussi changé pour elle, mais au lieu de me seruir de ces bonnes inspirations, ie redoublay mes assiduitez dans la crainte perpetuelle que i'auois que si quelqu'vn venoit à sçauoir que Mademoiselle n'eust plus tant d'amitié pour moy par la connoissance de mes défaux, l'on ne manqueroit pas de luy complaire, qu'ainsi l'on me perdroit facilement, & que pour éuiter ce mal-heur ie me mettois tousioures en tiers en sorte qu'elle estoit contrainte de me dire de m'en oster. Mais comme elle à vne tres-grande bonté, & que la douceur de son naturel ne luy à jamais fait dire la moindre chose desobligeante à personne, elle me disoit, ce sont des choses que vous sçauez que ie conte à cette heure, & ce seroit vous ennuyer que de vous les redire. Ie ne me rebutois pas pourtant de ce discours, luy témoignant, qu'elle ne peut rien dire qui puisse ennuyer, enfin aprés auoir dit deux mots, elle s'en alloit pour m'obliger à en faire de mesme, puis elle reuenoit. Ie ne me rendois pas pourtant auec tout cela, & ie ne doute pas qu'en cét endroit vous n'admiriez sa bonté & que vous ne condamniez à mesme temps mō imprudence, & en effet n'en estoit ce pas vne bien grāde à moy de la presser au point que ie faisois pour luy faire dire tout ce qu'elle disoit aux autres, toutes les fois que nous estions de retour des visites : mais ie n'obtenois rié d'elle pour cela, & c'estoit en vain que ie la priois, d'ailleurs elle à l'esprit si haut qu'il est comme impossible de la soûmettre à la moindre chose qui tienne de la sujetion. Tellement que pendant tout ce temps i'auois peur que Prefontaine lequel i'auois desobligé ne se preualust de tant de choses qui m'estoient contraires. Ce n'est pas à la verité que ie le connoisse d'humeur à tirer quelque auantage des mauuais succez qui m'arriuoient, mais comme l'on iuge souuent d'autruy par soy mesme, ie vous auoüe que ie ne me le serois pas pardonné si i'eusse esté en sa place, & que ie n'aurois pas laissé eschapper mille petites occasions de me vanger.

Toute mon appliquation estoit de les rebroüiller ensemble mon frere & luy, mais d'vne maniere qui pust enfin obliger Mademoiselle à se seruir de l'vn ou de l'autre, & luy faisant connoistre que ses affaires n'iroient iamais bien tant que mon frere & luy seroient dans sa maison. Ie crus auoir trouué pour cela la conjoncture du monde la plus fauorable, & n'auoüerez vous pas icy, que ie ressemblois a ces malades qui sont abandonnez des medecins lesquels prennent les derniers remedes pour guerir de leur mal ? certainement ie me voyois en cette extremité, & ie ne croiyois pas en pouuoir sortir que par quelque coup hardi, sans sçauoir qu'elle en seroit l'issuë. Il faut que ie vous die encore que i'estois en vn plus miserable estat que mon frere, lequel on pouuoit dire heureux en quelque fasson dans son malheur. Car Mademoiselle estoit si persuadée, & auecque raison, que ie le gouuernois, qu'elle m'attribuoit toutes les choses qu'il faisoit, ne luy en parlant, ny en bien ny en mal.

Cette opinion n'estoit pas vne chose fort honorable a vn Magistrat, & ce n'estoit pas en faire vn grand cas que de le croire, a l'aage qu'il à, tellement soubmis a vne femme: mais comme ie me prefere a toutes choses ne regardant que mon seul interest, ie me souciois fort peu du mespris qu'on faisoit de mon frere, pourueu que ie pusse conceuoir quelque esperance de me remettre dans l'esprit de Mademoiselle, comme i'y auois esté. Ie vay donc dire qu'elle fut la conjoncture dont ie me crûs me pouuoir seruir. Mademoiselle alloit souuent à Luxembourg où se rendoient quantité de Conseillers lesquels elle consideroit beaucoup, ainsi que faisoit Monsieur, & comme cela les attirroit la plusspart chez elle, & qu'elle se plaisoit dans leur entretien, ie ne faisois point de doute qu'ils ne parlassent dans les rencontres plustost à l'auantage de mon frere qui estoit de leur nombre que non pas de Prefontaine, & que si Mademoiselle en venoit là de faire retirer l'vn ou l'autre, comme en effet c'estoit mon dessein, qu'elle ne congediast Prefontaine ; craignans de desobliger en quelque façon cés Messieurs en ne voulant pas mal traitter vn de leurs confreres.

La chose estant ainsi resoluë dans mon esprit ie iettay la pomme de discorde, & voila mon frere & Prefontaine broüillez ensemble. Celuy cy fut aussi tost trouuer Mademoiselle qui ne marchanda point à estre pour luy. Car vous sçaurez que ie m'estois si mal prise en cette affaire, & la passion m'auoit, pour ainsi dire, tellement aueuglée, que ie ne voyois pas que c'estoit vne chose qui choquoit entierement la volonté de Mademoiselle. Comme c'est vne affaire domestique dont le détail est d'ordinaire ridicule, ie vous importunerois si i'entreprenois de vous en faire le recit. Tant y a que Mademoiselle s'en mit fort en colere, & auec raison, n'en disant pourtant rien a mon frere, & se contentant de crier en nostre absence contre luy & contre moy. Elle chargea vn de nos amis communs de Monsieur de Presontaine & de moy de m'en parler, & ie priay vn de mes amis de dire a Mademoiselle que voyant de la maniere dont elle auoit pris cette affaire, mon frere ne la pouuoit plus seruir auec honneur conjointement auec Monsieur de Prefontaine, & qu'il falloit que l'vn ou l'autre quittast son seruice. Que Madame de Fouquesolles, répondit-elle à cét homme, ne me fasse pas opter, elle n'en auroit pas satisfaction, conseillez

conſeillez luy en amie, adjouſtat-elle, que ſon frere m'obeiſſe, & que l'on ne parle plus de rien. Cét amy qui eſtoit Conſeiller me vint dire la réponſe que Mademoiſelle luy auoit faite, & me dit que de la maniere dont elle luy auoit parlé qu'il n'auoit plus rien à luy repartir là deſſus; qu'elle luy auoit allegué de ſi bonnes raiſons, qu'il s'y eſtoit entierement rendu, & qu'il s'eſtonnoit de ce que ie ne m'y rendois pas; qu'au reſte il la trouuoit infiniment plus juſte que moy, que i'auois doreſnauant, à bien prendre mes meſures pour me conduire cõme il falloit auec elle, d'autant plus que celles dont ie m'eſtois ſeruie par le paſſé n'auoient pas eſté trop bien priſes, & quoy qu'il la fuſt allé trouuer auec vne reſolution de maintenir mes bonnes raiſons, les ſiennes eſtoient ſi puiſſantes qu'il m'auoüoit que les armes luy eſtoient tombées des mains, & qu'au lieu de me defendre, il auoit eſté contraint pour ne pas démentir ſa conſcience de me condamner. A peine cét homme m'eut-il acheué de parler que ie conceus vne haine mortelle contre luy, & qu'il deuint mon ennemy du meilleur amy que i'auois au monde, ne le pouuant plus souffrir depuis & croyant qu'il s'estoit fait amy de Presontaine. Cela seruit encore à faire connoistre à Mademoiselle l'inegalité de mon esprit. Ie luy auois cent fois dit mille biens infinis de cét homme & passant d'vne extremité à l'autre, ie luy en dis tout le mal possible, & d'vn homme d'honneur qu'il estoit, ie le fis passer pour fourbe. Iugez si elle n'auoit pas vn beau sujet dans ce moment de faire vn semblable iugement de moy, qu'elle me voyoit faire d'autruy.

Mais pour reuenir à mon frere : comme ie vis que Mademoiselle auoit répondu de la sorte à la personne que i'auois enuoyé vers elle, il fallut aussi que mon frere luy allast rendre réponse de la parole qu'elle luy auoit fait porter. Elle le gourmanda estrangement & s'emporta aussi bien fort contre moy, & elle eut la bonté de le racommoder auec Presontaine dés ce iour là, leur ordonnant de bien viure doresnauant ensemble. Lors que ie les vis en l'apparance d'vne aſſez bonne vnion, ie ne fis pas ſemblant d'auoir ſemé entre eux la diſcorde, & ie n'en témoignay rien à Mademoiſelle. Ie ne deuois aprés cela qu'apporter tous mes ſoins pour continuer cette bonne intelligence qui eſtoit entre eux deux, mais par vn principe de picoterie qui eſt dedans moy, ie ne pouuois pas laiſſer viure mon frere de la ſorte, & ie recherchois quelque nouuelle matiere pour les mettre mal enſemble encore vne fois. Les contes que ie faiſois ſouuent à mon frere luy embaraſſoient tellement l'eſprit, & luy cauſoient tant de jalouſie contre Prefontaine (qui eſt incomparablement plus habile homme que luy) que la crainte qu'il auoit de ne ſe pas bien acquitter de ſa charge : ou que Prefontaine n'entrepriſt de le traitter de petit garçon, fit que toutes les affaires de Mademoiſelle periſſoient preſque entre ſes mains. Prefontaine de ſon coſté qui ayme la paix & le repos & qui voyoit que ces intrigues donnoient de la peine à Mademoiſelle, renuoyoit les affaires à mon frere dont il n'expedioit aucune. Enfin la patience de Mademoiſelle eſtant preſque épuiſée, & laſſée de nos faſſons de faire, elle s'emporta horriblement contre luy & contre moy. Cela me donna lieu de l'aller trouuer pour auoir vn éclairciſſement auec elle, duquel ie vous auoüe, ie croyois ſortir triomphante, eſperant de la confondre par les fortes raiſons que i'allegue-rois, & à ce défaut auoir recours aux larmes pour taſcher de l'attendrir : mais il arriua tout le contraire de ce que ie m'imaginois, n'ayant jamais pû rien emporter ſur ſon eſprit ny ſur ſon cœur, & ainſi nous nous ſéparaſmes aſſez mal.

Prefontaine me vint voir deux iours aprés. Ie luy dis que ie voulois me racommoder auec luy ſérieuſement & que i'auois intention de le faire auec toute la ſincerité dont i'eſtois capable. Ie conſiderois que ie ne m'engageois qu'a fort peu de choſe : l'affaire ſe paſſa pourtant auec toutes les belles apparences poſſibles. Ie me figurois que Mademoiſelle qui eſt toute pleine de candeur & de franchiſe croiroit aiſément que nous nous ſerions veritablement reconciliez : mais ie n'en demeurois pas la. Ie creus qu'il seroit bon de me seruir de Monsieur de Saujon & esprouuer si ie me pouuois par son moyen bien remettre auec Mademoiselle. Elle luy auoit fort parlé de moy lors qu'il arriua d'Allemagne, & il estoit tombé d'accord de tout auec elle. Ie n'eus pas de peine a luy faire croire ce que ie voulus de Presontaine pour l'obliger a luy faire la mine, luy en disant exprés mille menteries. Mon dessein estoit que Mademoiselle s'en apperceust & que cela l'obligeast en suitte de parler de moy a Monsieur de Sauion qui ne manqueroit pas de prendre mon parti, & que si son credit estoit grand qu'il pourroit aisément me raccommoder auec Mademoiselle, pour perdre Presontaine tous deux ensemble. Mais la chose ne se passa pas ainsi que ie l'auois proiettée, car pédāt trois mois, Mademoiselle & Monsieur de Saujon auoient tous les trois iours des esclaircissemens d'vne heure, d'ou ils sortoient quasi tousiours broüillez. Enfin ils se raccommoderent, mais ce fut a condition qu'il ne me verroit, ny ne me parleroit jamais. Pour moy ie ne laissois pas d'aller chez elle quelque fois : mais i'y rencontrois de certaines petites Demoiselles de la Loupe, & vne Madame de Frontenac, toutes trois belles, ieunes, spirituelles & agreables qui luy rendoient de grandes assiduitez, qui me parroissoient, & auec raison, estre mieux reçeues que jamais n'auoient esté les miennes. Mais sur tout cette derniere de qui l'esprit plus doux & plus complaisant n'auoit de volonté que celle de Mademoiselle, n'y d'autres plaisirs que les siens, me déplust au dernier point.

Remenecourt fille d'honneur de Madame la Duchesse d'Orleans se trouuoit aussi chez Mademoiselle fort souuent, & comme c'estoit vne railleuse, elle m'estoit suspecte par les mocqueries que i'auois peur qu'elle fist de moy, & en effet i'ay sceu qu'elle ne m'a pas épargnée. Ie tombay malade pendant ce temps-là, & ma Fille eut en suitte la rougeolle. Mon frere qui estoit si bon que de ne songer pas qu'il deuoit preferer à toutes choses l'honneur de voir Mademoiselle & se separer pour quelque temps de moy, en changeant de demeure, ne s'en auisa pas. L'imprudence qu'il tesmoigna en cette occasion, jointe à quelques contes que i'auois faits de Madame de Frontenac : le mauuais estat ou mon frere laissoit les affaires de Mademoiselle par sa negligence, la firent éclatter contre moy, & faisant vne semblable recapitulation à celle dont ie vous ay desia parlé, elle s'emporta estrangement contre moy. Mademoiselle fut beaucoup de temps sans vouloir voir mon frere, & plus qu'il n'en falloit pour la crainte qu'elle pouuoit auoir du mauuais air. Elle s'auisa tout d'vn coup de l'enuoyer querir, mais ce fut pour se déchaisner contre moy. Elle passa deux heures entieres à luy conter tous les sujets de plainte qu'elle auoit de moy depuis que i'auois eu l'honneur d'estre connuë d'elle iusques auiourd'huy. Mon frere plaida ma cause, & la defendit tout autant que l'on peut faire vne mauuaise, principalement deuant vne personne à qui l'on doit beaucoup de respect. De la colere ou Mademoiselle estoit elle passa aussi-tost à la raillerie : Elle fit des vers contre moy & à son exemple celles qui estoient aupres de sa personne. On m'appella du nom d'Eue, & l'on m'imputa soubs ce nom toutes les disgraces dont fut accablée cette premiere mere de tous les viuans, aprés quelle se fût renduë par sa desobeissance indigne des bonnes graces de celuy qui l'auoit remplie de tant de perfections. On composa sur ce sujet des Sonnets, des Stances & plusieurs autres ouurages de Poesië, qui me traittoient fort desobligeamment.

Ie pouuois, si i'eusse voulu, ne prendre aucune part à tous les vers & à toute la prose qui a esté faite contre moy, puis-que ie n'y estois pas nommée, & qu'elle auoit eu la consideration de me baptizer d'vn autre nom: ie deuois bien auoir celle de luy porter ce respect de ne pas penetrer dans ses intentions, puis qu'elles m'estoient si desauantageuses: mais n'apportant pas toute la discretion que ie deuois, ie m'engageay insensiblement au combat, & ie fus chargée de la plus grande salue de Triolets, de Sonnets & de toutes sortes de vers dont on puisse charger vne personne que l'on veut railler.

La quantité de choses que i'ay a dire m'en fait oublier la moitié : & elles me viennent tellement en foule dans l'esprit, que ie me trouue fort empeschée a vous les faire voir icy, dans le temps & dans l'ordre qu'elles sont arriuées, mais ie ne veux pas oublier a vous dire des choses assez considerables, qui se passerent cét Hyuer là. Vous sçauez mieux que personne du monde combien i'ay l'humeur intrigante : & les actions de ma vie que i'expose icy a vos yeux ne vous le font que trop connoistre. Comme il n'y a donc point de consideration par dessus laquelle ie ne passe, & que ie n'abandonne pour satisfaire a cette humeur qui regne si fort dedans moy, ie m'auisay d'aller assiduëment au Palais Royal, ou l'on ne me voyoit gueres pour l'ordinaire, si ce n'estoit chez la Reyne, en la compagnie de Mademoiselle. I'emploiay les amis & les amies que i'y pouuois auoir, pour faire asseurer Monsieur le Cardinal de mes obeissances & de mon affection, & du desir que i'auois de le maintenir dans les bonnes graces de Mademoiselle. Cét homme qui ne negligeoit nul commerce quelque inutile qu'il fust, croyoit tirer quelque auantage de celuy qu'il pouuoit auoir auec moy, quoy qu'il ne luy fust pas fort auantageux : Car quand i'aurois respondu de Mademoiselle i'aurois hazardé beaucoup & n'aurois pû rien garentir. Ie n'auois donc garde de luy témoigner que i'auois fait parler à Monsieur le Cardinal, car elle auroit pû s'estonner de ce que i'aurois eu commerce auec vn homme qni auoit si fort desobligé mon Oncle & qui à cherché tous les moyens de le mal traitter : certainement ce reproche m'auroit bien fait de la honte, comme i'en receus depuis, lors que ce Ministre fut mal auec Monsieur. Ie me seruis de cette occasion pour rentrer en commerce d'affaires, & dire à Mademoiselle que si elle vouloit vn peu s'employer auprés de Son A.R. pour raccommoder Monsieur le Cardinal, qu'il n'y auoit rien qu'il ne fist pour meriter & pour reconnoistre ses bons offices. Ie me seruis des plus pressantes & des plus fortes raisons qu'il me fust possible pour tâcher de l'engager à ce raccommodemét a quoy elle répondit par des raisons encore plus fortes : Qu'elle ne doutoit pas que le Cardinal ne m'eust fait faire ces propositions, par ce qu'en l'estat ou il estoit il ne feroit pas difficulté de se seruir de toute sorte de gens ; que d'ailleurs c'estoit vn homme qui me deuoit estre si connu par son manque de foy dans les traittemens que Monsieur d'Auaux en auoit receus, qu'elle s'estonnoit comment i'auois peu pour l'amour de moy mesme écouter quelqu'vn de sa part. Ie luy repartis que ses interests me faisoient tout oublier, & elle me repliqua aussi-tost que ses interests me deuoiét obliger à examiner la chose de plus pres, car en l'estat ou le Cardinal estoit auec Monsieur qui estoit engagé d'honneur à le pousser à bout, il faudroit qu'elle fust la plus lâche personne du monde, si quelque interest pour considerable qu'il pust estre, obligeoit Monsieur par l'amitié qu'il à pour elle à changer de sentiment, & qu'elle seroit indigne de l'honneur qu'elle a d'estre sa fille si elle estoit capable d'écouter vn moment auec plaisir cette proposition. A ne vous point mentir ie me trouuay fort embarassée de tout ce discours. Ie iugeay bien que Mademoiselle n'aimoit pas à se mesler d'affaires, quoy que ie fisse mon possible pour l'y engager afin de me rendre plus considerable; ce qu'elle reiettoit tousiours comme vne chose qui estoit au dessous & de sa naissãce & de sa maniere d'agir. Ie vous auoüe pourtant que le leurre que ie donnois à son ambition me sembloit capable de tenter toutes les creatures du monde, connoissant bien que c'est son foible (si tant est qu'elle en ait vn) ie ne croyois pas qu'elle pust auoir assez de pouuoir sur elle mesme pour ne s'y pas laisser prendre d'abord : & en verité ie ne m'attendois pas à receuoir d'elle vne semblable réponse. Enfin ie connus par la méfiance qu'elle auoit de ce que ie luy proposois, qu'on ne pouuoit rien gagner sur elle. Il faut que ie vous die à l'auantage de cette Princesse, qu'elle est secrette, sage & prudente, & qu'il y a tout sujet de prẽdre confiance en elle, puis que pour m'épargner de la honte & de la confusion, elle n'a jamais rien dit à personne de cét entretien, quoy qu'elle eust esté depuis ce temps-là fort souuent en colere contre moy.

Comme i'ay dessein de ne vous rien cacher de ce qui s'est dit & de ce qui s'est fait contre moy chez Mademoiselle. Ie vous diray qu'il se fit vne vne infinité de chansons qui furent incontinant dans la bouche de tout le monde, dont ie conceus vne douleur mortelle, & vne rage inconceuable contre Madame de Frontenac, qui en auoit composé la plus grande partie. Ce qui augmentoit mon déplaisir estoit que ie sçauois que mille gens prenoient a tasche de me desobliger, & particulièrement Madame d'Espernon, Madame la Comtesse de Fiesque, & Madame de Choisy qui sont les amies les plus cõfidentes de Mademoiselle, ausquelles, pour vous dire la verité, ie n'auois pas tasché de rendre de bons offices. Outre ces personnes là, i'en craignois encore d'autres pour qui ie n'auois pas d'amitié qui sont en assez grand nombre & dont Mademoiſelle auoit la connoiſſance, leſquelles ne manquoient pas de me charger quand elle leur parloit de moy. Ie ſcauois que ceux de la maiſon ne m'eſpargnoient pas auſſi, & ſur tous Prefontaine, La Tour & ſa femme a qui ie n'ay iamais voulu de bien, & beaucoup d'autres, car ie vous confeſſe que ie n'auois pas le ſecret de me faire aimer de qui que ce fuſt. Toutes ces choſes ſe repreſentant a mon eſprit, ie me reſolus enfin de ne plus voir Mademoiſelle : & afin d'eſprouuer quel effet cela pourroit faire ie le luy fis dire, m'imaginant quelle feroit quelque auance qui m'obligeroit a paſſer par deſſus ce que i'auois reſolu. Ie luy fis faire ce compliment aſſez mal a propos, eu eſgard a ſa qualité, par mon frere le Capitaine aux Gardes, auquel Mademoiſelle répondit que ie n'auois aucun ſujet de me plaindre d'elle, mais qu'elle n'en pouuoit pas dire autant de moy; que l'eſperance qu'elle auoit eu que ie changerois de conduite, luy auoit fait paſſer la mienne ſouz ſilence : qu'a la verité puis-que ie ne la voulois plus voir, elle conſentoit que ie demeuraſſe la maiſtreſſe de de mes volontez: mais que c'eſtoit vne choſe aſſez bizarre de faire dire a vne perſonne de ſa qualité que l'on ne la veut jamais voir : que l'on s'en abſtient bien quand on a raiſon d'en eſtre méconten-te, mais qu'on ne leur fait jamais faire de pa-reils meſſages. Ie vous confeſſe que cette répon-ſe me toucha fort, & n'en pouuant demeurer là, ie ne iugeay point que i'eus autre choſe à faire que des intrigues perpetuelles qui puſſent d.plaire à cette Princeſſe.

La plus conſiderable comme la plus vtile eſtoit de broüiller Prefontaine par toutes ſor-tes de voyes, affin que l'ayant mis dehors ie puſ-ſe triompher de tous les deux & ménager mon retour en ſorte que ie ne me puſſe voir chez el-le qu'auec le credit que i'auois perdu. Dans ce temps elle dit vn iour en raillant auec Mada-me de Frontenac & Mademoiſelle de Reme-necourt, qu'elle vouloit faire vn manifeſte con-tre moy pour ſe iuſtifier de l'ingratitude dont ie l'accuſois, & pour ſe purger de l'inconſtan-ce que ie luy voulois imputer ſans raiſon, diſant assez publiquement, qu'elle n'auoit pas retiré sõ amitié de moy par la simple cõnoissance qu'elle auoit de mon peu de merite : mais par la iuste auersion qu'elle auoit d'vne si mauuaise cõduite que la mienne. Et qu'au reste, elle auroit sans doute laissé dans le monde vne mauuaise impression de soy si elle m'auoit laissée plus long temps en possession de ses bonnes graces : Ces deux persõnes la presserent fort de mettre au iour ce Manifeste : ce qu'elle fit, mais d'vne maniere que ie n'eus pas suiet de me plaindre, car elle y témoignoit qu'elle m'auoit beaucoup aimée, & qu'elle auoit eu peine a ne le plus faire : Elle passoit mesmes sur toutes mes fautes le plus legerement du monde, & ne parloit que de celles qui pouuoient estre connuës. Elle monstra cét écrit a mon frere & a Mauuoy qui est de mes amis, homme d'esprit & de merite, qui à l'honneur d'estre connu d'elle depuis long temps, & lequel i'auois dessein de mettre à la place de Prefontaine, si i'eusse eu assez de credit pour le pouuoir faire exclurre : & comme cét homme là a beaucoup de memoire, il me

recita

recita presque tout le Manifeste. Ie ne pûs m'empescher d'y répondre, affin de me iustifier en quelque façon, & ie trouuay à propos pour cét effet de me seruir de Mauuoy : mais de sorte qu'il parust à Mademoiselle que i'y auois mis la main.

Cette piece est trop curieuse pour vous priuer du plaisir de l'entẽdre, & j'adjousteray mesme la réponce que i'y fis, affin que vous iugiez du merite de ces deux ouurages.

MANIFESTE DE MADEMOISELLE

LES Perſonnes, dont le procedé eſt net ainſi que la conſcience, ſont tousiours bien aiſes d'expoſer leur conduitte a la cenſure du public, pouuant eſperer qu'agiſſant de cette maniere ils en auront tousiours toute l'approbation & l'heureux ſuccez qu'elles en peuuent desirer. C'eſt vne maxime dans laquelle i'ay vécu dés la premiere connoiſſance que i'ay euë des choſes de la vie, non tant parce que ma qualité m'expoſe d'auantage aux yeux de tout le monde, à qui ie dois en quelque maniere rendre compte de mes actions, que par mon inclination naturelle, qui iointe à mon deuoir me porte à preferer ma reputation a toutes choſes, à laquelle ie croy que non ſeulement vne perſonne dans le rang que ie tiens eſt obligée : mais encores que toutes celles de mon ſexe doiuent ſonger inceſſamment à s'auancer dans toutes les vertus pour tâcher de l'augmenter. Dans ce deſſein ie me ſuis trouuée bleſſée en quelque façon d'vne fauſſe accuſation faite contre moy, d'vn pretendu manque de conſtance enuers vne perſonne pour laquelle i'ay autrefois eu beaucoup d'amitié, & pour qui i'en aurois encore, ſi elle ne m'auoit forcé malgré moy a n'en plus auoir.

C'eſt vne perſonne de beaucoup de merite & d'eſprit, mais dont l'humeur eſt entierement oppoſée a la mienne, ainſi que ſa maniere d'agir & ſes inclinations. Vous trouuerez peut-eſtre eſtrange que i'en aye pû auoir pour elle apres cét aueu, & encore plus de ce que ie fais, car cela ſemble ſe contrarier : mais ie vous diray que quãd ie la conneus i'eſtois petite fille & que ie n'auois pas pour lors l'eſprit aſſez ouuert pour bien iuger des gens, ny pour connoiſtre ceux qui m'estoient propres & si c'estoient des esprits auec lesquels le mien pust compatir. Il falloit pour cela des raisonnemens dont ie n'estois pas capable en ce temps-là, & que ie pourrois faire presentement si ie voulois faire de nouuelles amitiez. Cette personne donc eut beaucoup d'assujettissement à me faire sa Cour dans vn temps, ou le grand monde ne me voyoit presque point, ce que ie prenois pour vn mépris qui me choquoit fort, quoy que ie ne deusse pas auec iustice trouuer mauuais que dans vn si bas âge l'on ne s'empressast pas auprés de moy. Si bien que comme elle agissoit à ma mode, elle m'auoit fort gagné le cœur, & cela s'estant tourné en habitude auoit duré jusques au temps, auquel mon amitié parroissoit plus violente pour elle. Si vous me demandez pourquoy il est arriué que cette amitié ait cessé en ce temps là. Ie vous diray que vous deuez obseruer que quelque consideration que i'aye euë pour toutes les personnes qui se sont assujetties à moy, i'en ay tousiours euë incomparablement plus pour moy mesme: de sorte que i'ay souuent pensé que dés que les personnes de ma qualité témoignent confiance & traittent les personnes qui les approchent plus fauorablement les vnes que les autres, outre que l'on à a se deffendre de son inclination & de la foiblesse, qui fait que l'on s'abandonne à se laisser gouuerner, il faut encores sauuer pour soy mesme les apparences qui sont souuent trompeuses & qui pour l'ordinaire répondent fort mal aux effets.

Ces considerations m'ont donc obligée depuis vn an à examiner les intentions & le procedé de cette personne enuers moy. Ce n'est pas que i'aye nulle pente à me laisser gouuerner, car ie suis née la personne du monde la plus volótaire qui crains le plus la soumissiõ, & qui suis la moins cõplaisante. I'ay seulemét toutes les peines du monde à l'estre pour les personnes à qui ie dois : le deuoir pourtant me rend ce ioug supportable, parce qu'estant née d'vne qualité au dessous de si peu de gens, il se trouue que ne dois de complaisance qu'a des personnes a qui mon deuoir se ioint auec toute la tendresse & l'amitié possible : ce qui fait que Dieu m'ayant fait naistre d'vne humeur si hautaine i'ay bien sujet de le loüer d'y auoir proportionné vne qualité qui me dispense de toutes les peines qu'il m'auroit fallu prendre à corriger ce défaut naturel.

Me connoissant forte sur ce chapitre, vous vous estonnerez comment ie n'ay pas voulu soustenir tousiours ce combat pour auoir la gloire d'estre sans cesse victorieuse, mais la peur que i'ay euë que par vn chastiment de Dieu, contre l'opinion que i'auois conceuë de moy en ce rencontre ne me fist succomber, i'ay creu qu'il valloit mieux que ie prisse le party de l'humilité & de la méfiance de moy mesme. L'amitié que i'auois témoignée a cette personne dans vn âge tendre, faisoit que mon cœur l'estoit tousiours pour elle, & me donnoit de mesmes sentimens d'inclination : elle profita d'vne occasion qui s'offroit dans vn temps fort propre a luy donner moyen d'en tirer auantage. I'eus vne maladie & dans laquelle d'ordinaire l'on est abandonnée de tout le monde: elle quitta tout pour estre auprés de moy & mesme sa fille quelle ayme cherement. Vous auoüerez que cela est assez obligeant & vous dirés peut estre quelle n'auoit rien a perdre, qu'elle n'estoit n'y belle n'y ieune, que l'action ou elle s'occupoit faisoit le plus bel endroit de sa vie, & qu'elle se mettoit par là dans la plus haute reputation, ou elle eust pû iamais paruenir & c'est dire quelle auoit plus fait pour elle que pour moy. C'est le malheur des gens qui s'attachent aux grands que l'on croit qu'ils referent tousiours plus a eux mesmes, qu'aux personnes pour qui ils ont de l'attachement : mais moy qui veux iuger auec verité & reconnoissance, je croy que ce ne fut que par pure amitié, dont ie luy serois tres redeuable, si elle n'en auoit eu pour moy d'autre, dont ie ne puis parler ainsi, car cette sorte d'amitié, & celle que ie luy témoignay dans ce temps là, luy donna lieu d'esperer de me gouuerner. Elle se forma ce dessein, & d'abord i'y donnay sans le croire, d'autant que de beaucoup de bagatelles qu'elle me proposoit, ie les faisois en telle sorte que

cela la faisoit passer ma fauorite dans le monde. Les secrets n'auoient point de fin, mais ceux qui sçauront que ie suis curieuse n'attribueront jamais cela a faueur. Ils estoient d'autant plus frequens que comme i'auois esté long temps sans voir le monde a cause de ma maladie i'en, auois comme perdu le commerce, & par là faisoit tout son possible pour tascher de m'empescher d'y rentrer en m'amusant & m'accoustumant a elle. Elle sçauoit aussi que des-que le bruit de cette faueur venoit iusques a moy cela la diminuoit, & me faisoit examiner ses actions : que i'auois fort bonne memoire; que ie me souuiendrois que directement ou indirectement elle m'auoit dit beaucoup de choses des personnes qui estoient le plus souuent auec moy affin de les en élloigner. Ce bruit vint a moy, mais ie m'en mocquay : quelque temps aprés ie fis vn fort grand voyage, pendant lequel elle m'escriuit auec beaucoup de soin & je luy fis réponse de mesmes.

Comme ie suis extremement soupçonneuse, ses lettres me mirent en soupçon, & ie doutois

en moy

en moy mesme si ie les lisois bien. Or la quantité qui m'en venoit & la frequente lecture m'y donnerent de la facilité & i'y vis clairement qu'elle me voulloit gouuerner, pour posseder mieux mon esprit & l'appliquer à des choses dont il n'y auoit qu'elle, qui eust connoissance: Elle me mandoit mille intrigues qu'elle faisoit & que ie ne pouuois sçauoir que par elle, afin qu'ainsi ie m'y appliquasse si fort que i'abandonnasse toute chose, & n'eusse plus de commerce qu'auec elle, ou au moins tres peu auec les autres. Sur cela ie n'allay pas si viste qu'elle desiroit, car contre mon ordinaire ie fis reflection & suspendis mon iugement, voullant m'esclaircir des choses qui causoient mes soupçons : & ie ne verifiay que trop, que ses desseins n'estoient que des visions.

Ie ne laissay pas de la traitter tousiours de maniere a donner lieu a tout le monde de croire que sa pretention estoit bien fondée : & lors qu'elle croyoit me tenir, ie m'eschappois & trauaillois a la destruire dans mon esprit, mais ie vous iure que si elle ne m'eust bien aydée, ie n'en ferois pas venuë about. Elle ne vouloit pas que ie parlaſſe a perſonne, me reprochant que ie ne luy rendois pas compte de ce que l'on me diſoit, ou de ce que ie diſois, & que ie n'auois plus de confiance en elle. De ſes meilleurs amis elle m'en diſoit mille choſes pour me les rendre ſuſpects, & pour m'empeſcher de leur parler. Cette grande méffiance qu'elle auoit de moy: la peur quelle auoit que quelqu'vn la brouillast, fit par elle meſme l'effet qu'elle craignoit des autres. Ie teſmoignay quelque marque particuliere d'eſtime a quelques vns de ſes proches, laquelle elle s'attribuoit, non qu'elle y euſt nulle part n'eſtant qu'vn coup de hazard, lequel ie ne voulois point auoüer tel: & quand l'on me diſoit que c'eſtoit pour l'amour d'elle que ie l'auois fait, l'on me fâchoit fort, & ie le couurois en laiſſant croire que ie l'auois fait a la conſideration de ſa famille que i'ayme & que i'eſtime fort, & cela luy donnoit de grandes inquietudes. Iugez par l'eſtat ou ie vous la dépeins, ſi c'eſt autre qu'elle meſme qui l'a perduë dans mon eſprit, & ſi ie n'auois pas raison de l'y détruire, puis quelle y trauailloit elle mesme si puissamment. Elle s'acheua par quelques traits d'authorité qu'elle voulut faire qui eussent paru au public, au lieu que ceux cy n'ont esté connus que de moy. Sur cela ie m'emportay, elle creut que le moyen de me faire reuenir a elle estoit de me negliger, pour me faire courir aprés, auec plus d'empressement a la rechercher. Ie ne suiuis pas son intention; ie fus rauie dequoy elle contribuoit si bien au dessein que i'auois, & auquel i'eusse eu tant de peine a paruenir sans elle, ie connus que l'amitié qu'elle auoit pour moy, n'estoit que pour elle mesme, car ie suis persuadée que quand l'on ayme parfaittement vne personne, il faut souhaitter de contribuer de tout son pouuoir à tous ses auantages: au lieu qu'elle ne vouloit contribuer qu'a me donner des deffauts & a les faire connoistre. Car d'auoir voulu que i'eusse la foiblesse de me laisser gouuerner & de l'auoir tenté, ie suis persuadée que l'on ne doit ny ne peut auoir ces sentimens là pour des personnes que l'on ayme. Quand a moy ie n'en vſerois jamais ainſi. Voila les raiſons du grand changement dont l'on pretend m'accuſer pour elle, & qui le cauſeront touſiours pour toutes les perſonnes qui en vſeront comme elle a fait. Ie croy que qui ce ſoit ne m'en blaſmera pas & que ſi toutes celles de ma qualité en vſoient de la ſorte, l'on s'en trouueroit mieux.

L'on donna à ce Manifeſte tous les éloges qu'on peut donner aux plus excellens ouurages qui ayẽt paru de long temps, & en effet il en eſt digne. Les amies de Mademoiſelle en diſoient des merueilles en tous les lieux ou elles ſe trouuoient : mais Madame de Frontenac crut qu'il y alloit de ſon honneur de faire parroiſtre ſon bel eſprit en ce rencontre : elle fit ces Stances à la loüange de ce Manifeſte.

STANCES
Sur le Manifeste de Mademoiselle.

IE ne dois plus tenir vos loüanges secrettes,
Le sujet que i'en ay m'oblige à vous loüer :
Car connoissant ce que vous estes,
Et les ouurages que vous faictes,
Ie ne puis m'empescher hautement d'auoüer :
Princesse dont l'esprit égal à la puissance,
Ne produit jamais rien que d'illustre & de grand
Qu'en vous le merite & le sang,
Le iugement & la naissance,
Par vn heureux accord tiennent le mesme rang !

Ie parlerois en vain de ce charme inuincible,
Qui fait que vous regnés sur les plus nobles cœurs.
On sçait trop qu'il est impossible,
Que pour peu que l'on soit sensible,
On ne vueille adorer vos yeux toujours vainqueurs.
Ie ne prétens loüer que vostre Manifeste :
De vostre esprit diuin ce merueilleux effet
Est un chef-d'œuure si parfait,

Que sans m'étendre sur le reste,
On peut iuger par là de celle qui l'a fait.

La force du discours & celle des pensées
S'y soustiennent d'vn air si pompeux & si doux,
Que tant de graces ramassées
Et l'vne dans l'autre enlassées,
Font voir qu'il ne sçauroit estre fait que par vous:
Enfin c'est le dernier effort de l'Eloquence :
Ceux qui l'ont desia leu sont de ce sentiment,
Et manqueroient infiniment,
S'ils auoient vne autre creance,
Puis-qu'Eue seule peut en iuger autrement.

Dans l'estat malheureux ou cette Eue est reduite,
Ie ne puis plaindre vn sort qu'elle s'est procuré,
Si par vn aueugle conduitte
Son ambition l'a seduitte,
Elle mesme auroit tort d'en auoir murmuré:
Mais quoy que contre vous son ame mutinée,
Se plaigne des raisons qui la font éloigner,
Elle pouuoit bien deuiner,
Que s'estant si mal gouuernée

Elle esperoit en vain vous pouuoir gouuerner.

Sans éprouuer du sort l'humeur capricieuse,
Auant que son Orgueil en vinst a cet excez;
Cette indiscrette ambitieuse
Se deuoit rendre plus soigneuse
De regler ses pensers sur ses premiers succez:
Sa faute eust diuerty l'effect d'vne seconde;
Mais par mille conseils ridicules & vains
Elle a cru régler les desseins
De la premiere ame du monde,
Cõme elle auoit fait ceux du premier des humains.

Ces vers eurent toute l'approbation qu'on pouuoit desirer, & l'on n'auoit garde de la leur refuser, quand ce n'eust esté que pour le sujet qu'ils traittoient. Mais comme ie me suis engagée à vous faire entendre la réponse que ie fis au Manifeste de Mademoiselle, il me semble que c'est à cette heure que ie vous la doy reciter, afin que vous soyez informée le plus exactement des choses, dans le temps mesme auquel elles ont esté faites.

RESPONCE DE LA MARQVISE DE FOVQVESOLLE AV MANIFESTE DE MADEMOISELLE

IL est bien difficille de se pouuoir deffendre & de iustifier sa conduite, lors que par vn mal-heur impreueu l'on vient à tomber dans la disgrace d'vn Prince qu'on à suiuy. Quelque fondement qu'on puisse chercher pour appuyer son innocence, il est certain que c'est tousiours estre trop coupable que d'auoir pû luy déplaire. Il y a pourtant des crimes qu'on ne peut desauoüer, & le mien estant de cette nature, il faut que ie tombe d'accord, que i'aurois esté bien marrie d'en corriger le défaut, & de changer de maniere de viure. Les belles & rares qualitez que ie vis reluire en la personne de V. A. dans les premieres années de sa ieunesse

nesse me charmerent auec tant de raison, que ie fis dessein de m'attacher a son seruice, plustost par les mouuemens d'vne inclination iuste & legitime, que par les interests de ma fortune. Ie sçauois que les premieres habitudes laissoient tousiours des impressions fauorables dans les esprits, & que celuy de V. A. ayant quelque chose de surnaturel, ne perdroit pas aysément le souuenir du zele que ie luy aurois témoigné dans son enfance. *I*'auoüe que le succez répondit a mon attente, & ie me sentis si sensiblement obligée par tous les témoignages de bonté & de confiance que i'en reçeus, que toute mon ambition estoit de luy complaire & de luy obeir, l'excez de ma passion pour toutes les choses qui regardoient sa grandeur, ou sa gloire, ont pû surprendre mon esprit, & me ietter dans quelque deffaut, & ie tombe d'accord que n'y ayant point de Princesse sur la terre qui vous esgalle, ny qui approche de ces hautes vertus qui vous attirent les vœux de tout le monde; que ie ne pouuois conceuoir rien d'assez releué pour vostre établissement, n'en voyant point dans la nature qui ne fust au dessous d'vne personne si accomplie. Si i'ay peché dans ces sentimens, ie ne vois pas qu'il y ayt lieu de s'en repentir, & ie suis tellement endurcie dans mon erreur, que ie ne sens en moy aucune disposition de m'en corriger, m'estant tres auantageux d'estre coupable de cette sorte. Onze ans s'estant passez dans vne façon d'agir qui ne vous a pas esté desagreable, c'est vne disgrace assez fascheuse, qu'il n'y ayt point de compensation du merite auec la faute, & que la balance d'vne année l'emporte au dessus d'vn nombre si considerable, ou V. A. s'est loüée de ma conduitte. Elle seroit fort desréglée si ie me voulois me croire exempte des imperfections ou tombent celles de nostre sexe: l'on sçait assez qu'il n'y a rien de parfait dans le monde: les beautez les plus acheuées ont des taches; les esprits les plus reglez, des deffauts, & la memoire la plus heureuse a ses foiblesses. La mienne qui m'eschappe souuent ne m'ayant laissé aucun souuenir des fautes, ou ie suis tombée volontairement depuis le retour de vostre dernier voyage me donne de l'inquietude, & comme ie ne fais pas profeſſion d'eſtre opiniaſtre en toutes ſortes d'occaſions, i'aurois pris ſoing de me releuer entierement de ma cheute & de ſatisfaire à mon prochain, ſi l'offence particuliere que i'ay commiſe contre luy m'auoit eſté connuë, n'eſtant pas obligée de répondre aux accuſations publiques & generalles. Il me ſuffit examinant ma conſcience de me iuſtifier par vne voye qui ne bleſſe perſonne. L'affection, le reſpect & la fidelité eſtant des moyens, non ſeulement aſſurez, mais legitimes pour acquerir l'honneur de voſtre bienveillance. L'on ne me peut pas blâmer ſi ie les ay mis en pratique pour arriuer à ma fin, l'ãbition dõt on m'accuſe eſt vne vertu en ce point trop loüable pour la rejetter, mais ie ne penſe pas que les faueurs, que i'ay reçeus de V. A. m'ayent iettée dans vne méconnoiſſance ny dans vn extaze qui ayt ſuſpendu les mouuemens de ma raiſon, pour me porter a rendre de mauuais offices a mon prochain. Il ne me ſouuient point d'auoir eſſayé les moyens de ruiner aucun des vostres dans vostre esprit, ny de vous auoir diuertie du dessein que vous auez eu de leur faire du bien, pour faire retomber ses graces dans les mains de mes creatures : aucun de vos officiers n'a esté destitué par mes artifices, & il se iustifie assez par la conioncture des choses presentes, qu'il y a peu de gens dans vostre maison establis par mon credit. Cette entreprise eust esté mal receuë d'vne Princesse qui est née pour commander à tout le monde, & il eust esté assez extraordinaire de la voir plier soubs mes volontez dans l'authorité, ou elle est d'estre seule arbitre des siennes. L'empire que i'ay voulu vsurper n'a pas esté vn effect de ma méconnoissance, ou de mon injustice. Il y a des choses qu'on peut desirer sans y pouuoir atteindre; & V. A. sçait assez que ie ne faisois pas en cela vn souhait déraisonnable : au moins dans mon accusation, ie suis satisfait qu'ō ne m'impute point d'auoir contribué au choix qui s'est fait de ceux qui ont part en la direction de vos affaires. L'on voit en cela que ma prosperité ne m'a point aueuglée de sorte que ie voulusse vous dérober la plus grande partie du merite de cette élection. L'on sçait assez qu'ils tiennent de vostre seule liberalité, l'honneur qu'ils ont receu. Mais V. A. trouuera bon si luy plaist que ie raporte aux lumieres de son esprit & à ses belles connoissances vn bienfait si particulier, sans y donner aucune part au hazard, ou à la fortune. Vous n'auez aduancé cette proposition, que pour esteindre la gloire d'vne action qui vous rend trop recommandable, & cette humilité se doit découurir pour allumer de nouueaux sentimens de reconnoissance dans l'ame de ceux qui vous sont redeuables d'vn si riche present : y estant obligée par le droit que i'ay de m'interesser dans l'auantage des miens, ie souhaitterois vne occasion plus aduantageuse que celle d'vne maladie pour vous en témoigner ma gratitude. I'auouë neantmoins que l'amitié de Vostre Altesse me parut en ce rencontre dans son plus grand éclat, & que la bonté qu'elle eut de me souffrir auprés d'elle & d'agréer mes soins & mes seruices, me fit sans peine negliger ce qui m'estoit de plus cher, ayant lieu de luy faire voir la sincerité de mon affe-ction, & l'amour que i'auois pour sa personne: en cela ie trauaillois plus pour ma gloire, que pour vostre soulagement, & ie confesse que Vostre Altesse ne me pouuoit rendre vne plus agreable preuue de sa bienveillance, qu'en me mettant en estat de luy témoigner que ie l'aymois plus que moy mesme. Elle me permettra de luy dire que i'ay bië sceu cöseruer les mesmes sentimens de respect & d'inclination pour elle, & qu'il me seroit plus doux de renoncer à ma vie, qu'au vœu que i'ay fait de l'honorer de toute ma puissance. Ie ne pense pas que mon éloignement puisse combatre cette verité, la persecution que l'on reçoit n'ébranle point vne ame innocente, mais le mespris que la sagesse veut qu'on éuite, ne me permettoit pas de m'exposer aprés tant de belles impulsions d'esprit a fournir de nouuelle matiere à ceux qui font vanité de descrier les autres. Ie ne presume pas que mon innocence soit aussi pure que ie le pourois desirer: au moins ie souffre seule la peine de mes defauts:

& le genre humain ne patit point de mon désordre. Ce n'est pas mon crime qui a fermé aux hommes l'entrée du Paradis terrestre, & le nom qu'on m'a suposé auec beaucoup d'autres qui me conuiennent aussi peu, n'altereront iamais mon temperament ny l'obligation que i'ay de vous estre fidelle. La connoissance confuse qu'on m'a donnée d'vn Manifeste qui contient les chefs de mon accusation, & de mon infortune, a donné lieu a la iustification que ie dois icy a mon innocence. Ma pensée pourtant n'est pas de prendre les armes ny de songer a me deffendre par d'autres voyes que par celles de la soubmission & de l'obeissance, & quelques obstacles qui se rencontrent, ie ne desespere pas de voir vn iour ma perseuerance couronnée par des mains trop pures & trop nettes pour soubscrire sans regret a l'Arrest de ma condamnation. Quoy qu'il arriue ie n'ay point de reproche a me faire d'auoir donné douze ans de ma vie a la plus vertueuse & a la plus aymable Princesse du monde.

Cette réponce fut portée a Mademoiselle par mon frere. Ie me flattay quelle ne demeureroit pas sans replique, & qu'a la fin, ces écritures pourroient produire quelque bon effet pour moy, mais ie fus trompée dans ma coniecture. Mademoiselle eut la patience de lire ma réponse, mais elle fit aprés connoistre a mon frere que c'estoit luy manquer de respect que de luy auoir rèpondu, & qu'aux personnes comme elle, il falloit s'auoüer coupable dés qu'elles le disoient; que l'on n'auoit de voye auprés d'elles pour se defendre, que le silence, des profonds respects & des soùmissions. De là vous voyez que ce n'estoit pas l'effet que i'attendois de mon escrit. Tous ceux a qui elle le monstra dirent la mesme chose, & de plus comme la piece vint a estre espluchée, elle fut trouuée trés mal faitte, conceuë en des termes peu respectueux, d'vn stile de Pedant plustost que de Demoiselle, & il fut tourné en ridicule en mille endroits. Ce ne fut pas tout, car la Princesse continua ses écritures, tant en prose qu'en vers dont ie fus tousiours le sujet. Ie

passay

passay quelque temps à ne faire autre chose que des plaintes de Mademoiselle, de Madame de Frontenac & de Presontaine, que i'accusois d'ingratitude auec assez d'injustice; car i'auoüe, & a mon grand regret, qu'il ne m'a nulle obligation, que ie ne luy ay jamais fait ny bien ny mal qu'en intention, & vous iugez bien par tout ce que ie vous dis, que i'aurois assez de ioye si i'auois pû luy faire sentir les effects du dernier. Lors que ie me vis absolument bannie de chez Mademoiselle, ie m'auisay d'aller souuent au Palais Royal à dessein de luy déplaire: aussi-tost quelle le sceut, elle parla de moy a la Reyne, qui luy dit que ie ne luy auois jamais pleu, & qu'elle auoit peine a voir qu'elle eust de l'amitié pour moy. Elle dit en suitte mille choses desobligeantes sur les pretensions que i'auois eües, ausquelles elle se deffendit bien d'auoir jamais consenty. La Reyne eut la curiosité de sçauoir de Mademoiselle les démeslez que mon frere & moy auions eus auec Presontaine. Il fut loüé d'elle, & nous en fusmes blasmez, elle luy dit, que ne nous cônoissât to⁹ deux que de veüe, elle ne pouuoit juger de nous que sur nostre phisionomie; que celle de Prefontaine luy parroissoit d'vn fort honneste homme & qui luy plaisoit, mais que celle de mon frere & la mienne ne luy parroissoient pas de mesme. Mademoiselle ne manqua pas de dire à Mauuoy ce long entretien qu'elle auoit eu auec la Reyne, exprés pour me le faire sçauoir. Cependant i'entretenois tousiours la bonne correspondance qui estoit entre Monsieur de Saujon & vous, dans l'esperance que i'auois qu'elle me seruiroit au besoin. Ie vous diray pourtant icy auec franchise, comme à vne personne à qui ie veux parler à cœur ouuert, que vous ne vous mistes pas fort en soin de me raccommoder, soit que vous eussiez bien d'autres affaires dans la teste que les miennes, soit que vous ne fussiez pas tousiours d'humeur à écouter les choses que ie vous debitois. Il est vray aussi que ie me consolois en l'aquisition de l'amitié que i'auois faite de Monsieur vostre frere, sur laquelle ie faisois beaucoup de fondement. En effet ie puis dire, que c'est vn homme selō mon cœur, intrigant, ſongecreux & défiant, qui fait de grans deſſeins, ſans ſcauoir quel en ſera l'euenement. Cette eſtroitte amitié qui eſt entre nous, jointe à la conformité de nos deux humeurs nous faiſoient ſans ceſſe chercher les moyens de mettre en execution nos deſſeins, & nous n'y trouuions d'obſtacle que Madame de Frontenac & Preſontaine, car tout le reſte nous eſtoit comme de rien. Nous auons inuenté pour cét effet mille pieces, dont le nombre vous ennuyeroit, ſi ie les mettois icy, eſtant la pluſpart des choſes baſſes, ſans eſprit, ny adreſſe, pleines de malices & dont vous ne pourriez pas receuoir grād diuertiſſemét. Mais pour vous faire vne entiere confeſſion de ma vie, c'eſt que i'ay mis mal Monſieur de Saujon pluſieurs fois auec Mademoiſelle. Ce qui me faſchoit le plus c'eſtoit que pour luy plaire, il falloit qu'il paruſt eſtre bien auec Madame de Frontenac qui eſt mon ennemie mortelle & la ſienne, ſeulement pour l'amour de moy. C'eſt auſſi à ma conſideration qu'il hait Preſontaine, tant y a que ie le preoccupe, tellement que ie l'ay mis hors d'estat de se souuenir des bien-faits qu'il à receus de Mademoiselle, quoy qu'ils soient tres grans.

Il y a quelques iours qu'il prit vne fantaisie à Mademoiselle qui me donna de grandes esperances. Elle enuoya querir Mauuoy, & luy dit quelle auoit songé que ie me racommodois auec elle, & que les voyes que i'auois prises pour y paruenir luy estoient si agreables, qu'elle les auoit agrées, qu'en effet, si ie me conduisois comme il falloit, elle croyoit que la chose ne seroit pas difficile. Mauuoy la pria fort de s'expliquer d'auantage, mais elle ne le voulut pas. Il penetra pourtant que c'estoit par Presontaine que la chose se deuoit faire, & malgré toute l'auersion que i'auois pour luy, la chose ne laissa pas de me plaire. car ie disois en moy mesme, si Mademoiselle à communiqué ce discours à Presontaine, cela luy donnera de l'inquietude, & si i'accepte la proposition qui m'est faitte, ie l'attrapperay bien. Mais comme ie tourne tout le bien en mal contre moy, ma bonne conduitte ordinaire me fit vanter, que l'on m'auoit offert, que si ie voulois prier Presontaine de s'entremettre pour moy auprés de Mademoiselle, que ie serois asseurée de rentrer en grace. Mademoiselle sceut ce que i'auois dit, & que ie me vantois qu'elle me recherchoit iusque à faire des bassesses. Elle enuoya querir là dessus Mauuoy à qui elle parla de la sorte. Madame de Fouquesolles a donc la temerité de croire que ie me soucie beaucoup d'elle? Vous luy pouuez dire qu'elle se trompe, & que ie ne la verray jamais. Il faut que ie vous die encore vne pensée que i'ay euë touchant ce discours general qu'elle fit a Mauuoy & que ie viens de vous dire. Ie iugeay que c'estoit vne épreuue pour voir si i'auois plus d'amitié pour elle, que d'auersion pour Prefontaine, & que si i'estois capable de me seruir de la voye que l'on me proposoit, l'obligation que ie luy aurois, reuniroit mon frere auec luy, & que dans cette paix domestique, les affaires de Mademoiselle en iroient mieux. Faisant reflection sur cette pensée, que ie ne croyois pas fort éloignée de l'intentiõ de Mademoiselle, ie m'imaginay que me rencontrant aux lieux ou elle alloit souuent, mon visage la radouciroit peut-estre. Ie la vis à Nostre-Dame, & deux iours aprés à Luxembourg, ou elle me fit l'honneur de me saluer. Vous vous souuiendrez bien qu'en ce temps ie recherchay à vous parler deuant elle, pour luy monstrer que vous ne m'abandonniez point. Ie me souciay fort peu que cela luy déplust, & ne fis pas scrupule de vouloir exiger en cela d'vne de mes amies des choses contre son propre deuoir. Ie me vantay aussi dans le monde que i'auois esté regardée de cette Princesse assez fauorablement, & que ie voyois bien que la force de son inclination ne s'estoit pû contraindre a ce momét, & que si elle n'estoit point obsedée perpetuellement de mes ennemis, qu'elle reuiendroit pour moy.

Ce discours luy déplût au dernier point, & auec assez de raison, puis que ie l'accusois par la de n'agir pas d'elle mesme, qui est a dire le vray la chose du monde, de laquelle elle est la plus éloignée, & dequoy ie puis le mieux respondre: puis qu'ayant fait tout mon possible pour la gouuerner ie n'y ay pû reussir. Vous direz peut estre que la conduitte que i'auois prise & que ie vous represente icy n'est pas trop bonne, & que des personnes plus aymables & plus spirituelles, & qui en vseroient mieux que ie n'ay fait, en pourroient a la fin venir a bout: mais ie vous diray que des Anges mesme descendus du Ciel ne le pourroient pas faire, & qu'elle leur en feroit perdre l'esperance, tant son humeur est étrange. I'adiousteray mesmes que quelque apparence qu'ils pourroient d'abord conceuoir, ils s'y pouroient tromper comme moy, car certainement elle est incapable de nulle preoccupation de quelque nature qu'elle puisse estre, joint que la bonne opinion qu'elle à d'elle mesme, luy donne vn tel mespris de tout le reste des creatures, que n'en croyant point de plus habile qu'elle, elle ne déferera iamais a leurs conseils. Ie voy bien, a mon grand regret, que ie suis destinée desormais à estre le sujet de sa raillerie, & des personnes qui sont auprés d'elle. Madame Breauté en fournit vne matiere nouuelle dans vne lettre qu'elle écriuit ces iours passez a Mademoiselle, ou elle luyparloit du Royaume de la Lune, sur ce mot de Royaume de la Lune, Mademoiselle dit, il faut en faire Madame de Fouquesolles Reyne, & que les gens bizarres du monde l'y suiuent, & luy composer vne Cour aussi ridicule qu'il luy conuient d'en auoir vne. Mademoiselle fit pourtant cette reflection, que cette raillerie pourroit fascher ceux que l'on enuoyeroit en ce Royaume imaginaire, ainsi cette plaisanterie finit ce iour là. Quelque temps aprés Madame de Frontenac fit voir à Mademoiselle vne lettre qu'elle disoit auoir receuë du Royaume de la Lune, qui contenoit vne relation de l'entrée que la Reine y auoit faite, ou il y auoit beaucoup d'inuention & d'esprit. Mademoiselle trouua la matiere si agreable, qu'elle s'en voulut aussi diuertir par vne lettre qu'elle s'écriuit a elle mesme, ou elle rencherit sur les visions de l'autre, en en imaginant de nouuelles & d'extraordinaires.

Ie fus informée de toutes ces railleries, & trouuant fort mauuais de seruir à leur diuertissement cissement, ie cherchay les moyens de les en faire repentir. Ie resolus de faire en sorte que Monsieur de Saujon crût que l'on faisoit mention de vous dans toutes ces lettres, & que Madame de Frontenac & Presontaine en étoient les auteurs. Ie ne vous diray point tous les détours que ie fis pour le faire éclatter la dessus, mais ie me contenteray de vous dire qu'il s'en plaignit à Madame de Frontenac, & qu'il auoit appris de Monsieur de Pontcarré que l'on vous auoit placée dans le Royaume de la Lune. Il en tesmoigna du ressentiment à la Tour, & mesmes a Monsieur de Frontenac, son dessein estant de le faire sçauoir a Mademoiselle. Comme elle me connoist parfaittement, elle iugea aussy tost que c'estoit vn de mes tours, & que i'auois quelque grand dessein dans l'esprit, neantmoins auec tout le soin qu'elle en prit, elle ne pût sçauoir au vray que cela vinst de moy: mais ayant vn éclaircissement auec Monsieur de Saujon là dessus, elle s'emporta estrangement contre luy, & il eut si peu de retenuë qu'il en fit autant enuers elle. Ce qui l'a mis fort mal dans l'esprit de cette Princesse, neantmoins nous ne perdrons ny luy ny moy, l'esperance de reuenir vn iour par nos intrigues dans l'honneur de ses bonnes graces.

Comme ie suis bien aise que vous entriez dans mes sentimens, i'ay creu que ie ne le pouuois mieux faire qu'en vous meslant dans cette affaire, afin de vous obliger à témoigner de la haine à Madame de Frontenac, & d'vn autre costé pour faire prendre party à Mademoiselle, afin d'auoir lieu de la blasmer aprés l'auoir pris, & de luy reprocher de ne pas sçauoir se ménager des amies, pour vne bagatelle de si peu d'importance : ainsi de quelque maniere que l'affaire reussist, ie me fusse vangée & des vnes & des autres.

I'allois bien encores plus loin, i'y voulois mesler beaucoup d'autres personnes, mais ie vous ay declaré assez de mes fautes pour vous donner la plus méchante opinion de moy que l'on puisse auoir d'vne personne, sans adjouster encores icy mille autres malices noires : ainsi vous trouuerez bon que ie ne les expose pas deuant vos yeux, de peur de vous donner de l'horreur de ma personne. Voila donc l'estat present ou ie me trouue. Mademoiselle faict parroistre de iour à autre de l'aigreur contre moy, & ie ne sçay pas si son cœur en est aussi plein que sa bouche, toute ma cabale est en la mesme peine que ie suis. Mes ennemis l'approchent & possedent ses bonnes graces, mais auec tout leur merite & leur bonne conduitte, laquelle semble estre au dessus de toutes sortes de mauuais offices, ie ne me lasseray jamais de chercher toutes les voyes de les perdre, & de rentrer dans ma premiere faueur auprés de Mademoiselle, mesmes malgré elle : & ie suis d'vn âge & d'vne humeur ou vous croyez bien qu'il m'arriuera encore beaucoup d'auantures, & ie ne mãqueray pas de vo⁹ les dire lors qu'elles arriueront. Cependant pour vous diuertir, i'ay creu que vous ne seriez pas marrie que ie vous fisse part des deux lettres, ausquelles la vision du Royaume de la Lune a donné matiere.

L'ENTREE D'EVE REINE DE LA LVNE EN LA VILLE CAPITALE DE SON ESTAT.

LES acclamations de tous les peuples lu-
ses bons & fidelles sujets.

LES harangues des principaux d'entr'eux.

L'ordonnance qu'elle fit.

LE Combat de deux Braues de cét Empire
sur ce qui auoit esté dit de sa Majesté
Lunatique.

LETTRE PREMIERE

ADAME

Lors que ie ne vous ay mandé que des choſes ordinaires vous n'auez fait aucun cas de mes lettres. Ie ſuis certain que celle cy vous diuertira dauantage, & enfin ie ſuis aſſez heureux pour auoir matiere de vous écrire quelque choſe qui vous plaiſe. I'ay receu voſtre derniere auec les nouuelles que vous y auiez écrittes. Ie n'ay rien à vous mander de ſi jöli ny de ſi galand.

Mais ſans beaucoup m'en faire accroire,
Ie pourrois vous faire vn hiſtoire,
Dont de tous les mortels ie ſuis le ſeul témoin,

Et dont la verité peut passer pour mensonge;
Quoy que i'arriue de bien loin
Ie vous iure ma foy, ce que n'est pas vn songe.

Ie vien de l'autre monde, & pour vous dire en vn mot ou i'ay fait voiage, i'ay esté dans la Lune. Voicy comme ie m'engageay à cette promenade.

I'estois dans le Parnasse ou i'ay quelque habitude,
Par mes soins & par mon estude.
De ce mont si fameux ie connois les détours;
Depuis plus de dix ans i'y cageolle vne Muse.
Auec la belle tous les iours,
Ie me diuertis & m'amuse
A luy conter mes follastres amours.

Ie me pourrois vanter qu'en vn instant ma flame
Du profond de mon cœur vola dedans son ame,
Et qu'aprés qu'elle sceut mon ardente amitié
La pauure fille en eut pitié.

Ie me pourray vanter que cette Demoiselle

A mesme sentiment pour moy que i'ay pour elle;
Et quelle m'a fait voir qu'elle sçauoit aimer,
Comme elle sçauoit enflamer.

Aussi de ses bontez i'ay cent precieux gages;
I'ay de son amitié de puissants tesmoignages;
Et nostre amour secret bien souuent a produit
D'assez beau fruit.

Auec elle i'ay fait mille plaisantes choses,
Des Sonnets, des Rondeaux & des Metamorfoses,
Et quelque fois des bouts rimez,
Que les sçauants ont estimez.

Vn iour elle me meina au haut de la Montagne,
Lors que i'y fus, sans dire a dieu
Me laissa seul en ce beau lieu,
Disant, on me defend qu'icy ie t'accompagne.

Ordonne a tes deux yeux de faire leur deuoir,
On te prépare des merueilles,
Mais si tu sommeilles
Tu ne pourras rien voir.

Vrayement

Vrayement ie n'auois garde de dormir, & i'estois dans l'impatience, lors que de loin ie vis leuer la lune si brillante & si claire, que ie crus qu'il s'alloit faire vn nouueau iour, & que c'estoit le Soleil.

Le Parnasse, comme s'il eust esté charmé de la beauté de cét Astre, courut (au moins me sembloit il ainsi) auec tant de vistesse, qu'en vn instant ie me trouuay sur le bord de la Lune. Ie la touchay & i'eu le plaisir de la pouuoir prendre auec les dens. Il y auoit dans vne grande place vn nombre incomparable de gens, & des eschafaux chargez de ce monde, comme attendans vn spectacle & quelque éuenement de grande reputation. Ces personnes estoient faittes d'vne si estrange maniere, que ie crû estre au Sabat. Enfin vn Viellard qui m'apperceut vint à moy d'vne façon folle & badine, & me dit.

Mortel qui que tu sois fauori de fortune
Entre dans cét Estat.
Tu verras de nos Rois le superbe apparat
Et sentiras les biens qu'on recoit dans la Lune.

La Reine vient triompher en ces lieux
La terre à fait ce beau present aux Cieux,
Indigne de porter sa diuine personne,
Elle est pleine d'esprit, de graces & d'apas,
Et ie suis certain que la bas
Nul ne merite mieux cette noble Couronne.

Ie ne me fis point prier, ie suiuy ce bon homme, qui me mit en vne belle chaise. Incontinent i'entendis vn bruit fort confus & fort agreable, de voix & d'instrumens de toute sorte. Ceux qui faisoient ce plaisant chariuari, parurent a mesme temps vestus de fueille morte & gris, sur des chariots traisnez par des Buffles. Aprés vinrent les compagnies des gardes de la Reyne, tant a pied qu'a Cheual, ils estoient pourtant tous montez sur des Asnes, car il n'y a qu'vn Cheual dans tout l'Empire de la Lune reserué pour la personne Royale. Les gens de pied estoient habillez & armez comme des Zanis de Comedie. Ils estoient commandez par Iean Doucet, en suitte les Conseillers de cét Estat vinrent sur les rangs. Le premier

Ministre auoit a la main vn tambour de basque & dansoit vne matassinade. Le Chancelier suiuoit habillé de Satin vert, auec vn Chapeau a l'Espagnole, au tour duquel il portoit les cachets de la Reyne, comme vous auez veu les Pelerins de St. Iacques : mais voicy la Reyne elle mesme.

Que d'éclat & de Majesté !
Par terre alors me suis ietté,
Elle brilloit ainsi qu'vne claire chandelle,
Iamais ie n'auois veu rien de si lumineux,
Et l'on ne sçauroit voir en France vn ramonneux,
Ny si paré, ny si blanc qu'elle.

Vn rayon partoit de ses yeux,
Qui faisoit en despit de tous les enuieux
Autant d'effet, que Phœbus en Decembre,
Son nez étoit de corail fin,
Et sa fasse de couleur d'Ambre,
Comme l'Aurore est au matin.

Son chef n'estoit pas couronné :

Mais en reuanche estoit orné
Tout ainsi que les saints d'vne belle Aureole
Dans ce pompeux état, elle attiroit les vœux,
Zephire le vassal & mignon d'Eole,
Faisoit auec l'amour voler ses blons cheueux.

Elle auoit vn habillement,
Tout chamarré de passement,
Auec beaucoup de broderie,
Et l'on voyoit sa fine peau,
Qui peut forcer a la galanterie,
Le plus froid Iouuenceau.

Vn Sceptre luy chargeoit la main,
Marqué du pouuoir souuerain,
Qu'elle a dans ce puissant Empire:
Ie vis que son visage estoit tout éperdu,
Et ie iugeay par son secret martire,
Qu'elle auoit moins gagné qu'elle n'auoit perdu

Vn pauure petit animal,
Qu'en françois on nomme vn Cheual,
Portoit cette Reyne diuine

Mais pour ce fardeau precieux,
Il n'auoit pas assez d'eschine,
Et faisoit honte au triomphe des Cieux.

Elle estoit enuironnée de toutes les personnes principales de sa Cour, ornez de mille bijoux & de mille ridicules afiquets. Enfin suiuoient les douze mois en qualité des Pages de sa Majesté. Chacun d'eux portoit vne deuise de la Reine.

IANVIER, auoit vn tableau, ou estoit representé vn Oison qui auoit vne plume dans le bec, auec ce mot.

On m'a passé la plume par le bec.

FEVRIER, portoit en vn tableau vne leurette lassée, auec ce mot.

I'ay bien couru sans attraper.

MARS, vne femme qui se miroit, auec ce mot.

Ie ne me connoissois pas.

AVRIL, vne femme qui auoit joüé à la blanque, auec ce mot.

Ie n'y reuiendray plus.

MAY, vn Nauire eschoüé, auec ce mot.

I'ay eu bon vent, mais ie m'en suis mal seruie.

IVIN, vn Phaëton, auec ce mot.

Plus temeraire encore.

IVILLET, vne femme tombée en beau chemin, auec ce mot.

I'allois trop viste.

AOVST vn hibou regardant le Soleil, auec ce mot.

Ie ne puis

SEPTEMBRE, vn Renard auec vn meurier, auec ce mot.

Ie n'en veux point.

OCTOBRE, vne Guenon qui vouloit porter vn Sceptre, auec ce mot.

Il est trop lourd.

NOVEMBRE, vn Chat auprés du feu, & le Chat parroissoit s'estre bruslé, auec ce mot.

I'en ay approché de trop prés.

DECEMBRE, l'occasion qui fuioit, auec ce mot.

Elle a passé.

Toute cette caualcade passa deuant moy. Il arriua vn accident à la Reine : C'est que son Cheual maigre & foiblet s'abatit soubs-elle, ce qui mit le triomphe en desarroy. Elle me fit l'honneur de se souuenir qu'elle m'auoit veuë en France, elle me fit appeller, & me dit.

Tircis cette magnificence
N'a t'elle pas de l'air de celle de la France ?
Ne sens tu pas desia dans le cœur de l'amour,
Pour cet agreable seiour ?

Ie luy répondis en prose & fort brusquement. Nenny ie vous asseure, & ie vous prie de me faire remener.

Allons, suy moy dit elle,
Ce n'est pas une bagatelle,
Ie te promets dans vn moment
D'estre assize en mon Parlement.

La curiosité me fit suiure la foule, nous arriuasmes enfin au Palais imperial : nous trouuasmes a la porte cinq ou six personnes deputez pour receuoir sa Majesté, le plus apparent desquels vestu d'vn Pantalon de damas fueille morte, dit,

Reyne que dés long temps nous auons souhaitée,
Dans cet Empire enfin nous vous voyons montée.
Heureux si nous faisons tout ce qui vous plaira,
Chacun fera comme il pourra.

Voila sans doute vn fort joli compliment. Il se retira auec sa bande, la Reyne entra, & puis se rendit dans vne sale a main gauche, ou estoit le Senat de ce grand Royaume. Châcun prit sa place, & le silence estant fait la Reyne dit.

Principaux du peuple Lunaire,
Ie viens en ce lieu pour vous plaire,
Bien plus que pour vous gouuerner:
Ie n'ay n'y cerueau n'y ceruelle,
En terre on vient de me berner,
Comme on a fait Iean de Niuelle.

I'ay l'esprit fait au badinage
Pour obtenir ce beau partage,
Et puis couler sans me lasser
Les soirs auec les matinées,
Et toutes les aprésdinées
A badiner & grimasser.

A mon Chancelier teste verte
Ma volonté i'ay descouuerte,
Il vous en fera le détail,
Cependant folle compagnie
Bannissant la ceremonie,
Ie me mettray dessus mon pied d'estail.

Alors teste verte prit la parole, & dit:

Grande Reyne qu'on appelle Eue,
Vous estes folle, ou bien ie resue,
Vostre legere Maiesté,
Ce beau Sceptre a bien merité:
Ainsi pour conclurre l'affaire,
Ie suis d'auis sans qu'on differe,
Que châcun de ces nobles foux,

Aillle à vos pieds se ietter à genoux,
Et que vous soiez reconnuë,
Comme de sens la moins pourueuë.
Nul de nous ne contestera
De vous faire la reuerence,
Quand dans ces lieux on publira
Ce que vous auez fait en France,
Ou chacun de vous se railloit,
Par tout on vous la bailloit belle,
De tristesse chacun baailloit,
Quand vous veniez en la rüelle,
Ou l'on debitoit pour nouuelle,
Qu'on vous chassoit du grand hostel,
Ou loge la noble pucelle,
Qui merite vn los immortel,
Et que nos yeux trouuent si belle:
Vous negligeastes ces auis
Et vous creustes si necessaire
Que malgré ces courtois deuis
Vous ne pustes jamais vous taire,
Vous taire, ny vous retirer,
Et voulustes vous attirer
Au sceu de tous ce grand orage

Qui vous à donné tant de rage ?
Et qui vous a fait meriter
Le Septre qu'on vous voit porter ?

Il se teut : la Reyne luy fit signe de la teste, & trouua fort bon ce qu'il venoit de dire d'elle : ce qui faisoit beaucoup a son establissement. Aprés, tous ceux de l'assemblée vinrent luy faire hommage tour à tour, & fut proclamée auec vne approbation generale, REINE DE LA LVNE ET DES PETITES MAISONS.

Aprés que la ioye & les acclamations publiques furent vn peu moderées, elle fit lire cette Ordonnance.

EVE par les bontez de Madame fortune,
Digne Emperiere de la Lune,
A nostre heureux éuenement,
Nous auons ie ne sçay comment
Appris qu'en ce fameux Empire
Estoient quelques sages mondains,
Qu'ils drillent viste comme dains,
De regret mon cœur en soûpire,

Et qu'ils ne retournent jamais,
Autrement ie iure & promets
Que ie leur feray bonne guerre;
Qu'ils aillent habiter la terre.

Alors il se leua vn grand bruit, ce qui empescha qu'on ne continuast la lecture de cette ordonnance, & toute l'assemblée en fut en desordre. Il parut vn homme fort échaufé qui en menoit vn autre aussi échaufé que luy. Il demanda audience qui luy fut accordée, & parla.

Ce méchant que ie tiens est vn Prince Lunaire:
Mais c'est vn temeraire,
Qui dit que vostre Majesté,
Que nous voyons auec tant de lumiere,
N'est ny folle ny fiere:
Mesmes qu'elle à de la beauté.
Puis-qu'il commet cette insolence
Ie veux tirer trois coups de lance
Et prouuer par vn beau combat
A tout cét Illustre Senat

Que vous estes & laide & folle
De ce, ie donne ma parole.

La Reyne se mit fort en colere contre celuy qui auoit dit qu'elle étoit belle & sage, & permit le combat. I'eus de la douleur de cette permission, car celuy qui auoit fait cette mesdisance, étoit le mesme qui m'auoit fait compliment, & qui m'auoit donné vne chaize. Enfin tout le monde sortit pour voir ce duel si fameux & pour vne cause si nouuelle. Ie courus auec les autres & ie vis tuer mon amy (le seul que i'auois en ce pais la) d'vn coup qui luy entroit par lœil gauche, & luy sortoit par le derriere de la teste, ainsi il fut prouué par vn beau fait d'armes, que la Reyne n'estoit point belle, & qu'elle étoit folle. Ce combat finy, ie demanday mon congé, que i'obtins. On me mit vne corde par dessous les bras, & me descendit on en terre. Le premier soin que i'aye eu a esté celuy de vous faire le recit de mon auanture. I'auray tousiours celuy de vous faire paroistre auec qu'elle passion ie suis vostre seruiteur.

LETTRE II.

ENVOYEE A SON ALTESSE ROYALE, MADEMOISELLE

Sur le mesme sujet.

ADEMOISELLE

Ie me donnay l'honneur d'escrire a V. A. R. par le dernier ordinaire pour luy rendre conte de l'entrée de la Reyne Eue dans son Royaume de la Lune. Et comme il falloit beaucoup de temps pour vn si long narré, i'eus peur d'abuser de vostre patience, en vous representant la situation & les diuers appartemens du Palais de cette Reyne : Mais vous connoissant trés curieuse des belles choses, ie croirois manquer a l'extreme desir que i'ay de vous plaire, si ie ne vous faisois presentement vne relation exacte de toutes les choses que i'ay veües. Ie ne doute point que vous ne preniez plus de plaisir que personne du monde de sçauoir les nouuelles de ses magnificences aprés vous auoir dit celles de son triomphe. Vous connoistrez aussi par ce recit, que vous estes éleuée en generosité par dessus le reste des creatures, ainsi que vous l'estes par vostre naissance, puis que les personnes qui sont priuées de l'honneur de vos bonnes graces se trouuent establies dans des Royaumes par vostre liberalité. Ie ne sçay pas pour moy ce que doiuent esperer celles que vous honorez de vostre bienveillance ? Ie m'imagine neantmoins qu'elles ne me desauoüeront pas quand ie diray que de tels Royaumes seroient des bannissements veritables pour elles, & qu'elles estimeront sans doute qu'il leur est plus doux de viure auec sujetion auprés de vostre incomparable persóne, que de regner ailleurs quād on est absente, & sur tout au Royaume de la Lune.

La reputation que V. A. R. s'est acquise par ses grandes vertus ne pouuant pas trouuer de bornes, est passée jusques dans ce Royaume : ou il me parut qu'elle diminua en quelque façon les acclamations & les applaudissements que ses peuples Lunatiques faisoient pour l'entrée de leur Reyne. Mais ie les obligeay à continuer les cris de ioye qu'ils auoient interrompus par la consideration que ie vous dis, en leur témoignant que bien loin d'estre jalouse des nouueaux honneurs qu'ils rendoient à leur Souueraine, vous apprendriez mesme auec beaucoup de satisfaction la deferance & la gloire quelle receuoit de ses sujets, puis que l'estat ou elle se trouuoit maintenant, estoit le pur ouurage de vos mains, que c'estoit vous qui luy auiez donné ce grand Empire en partage, & que vous l'auiez renduë digne de gouuerner ces peuples qui estoient respandus dans toute l'estenduë de la Lune : qu'ainsi vous ne desiriez pas que rien manquast à cét admirable ouurage Et comme i'auois obmis cette particularité dans ma derniere, nsere, i'ay esté bien aise d'en faire mention en celle cy.

Il seroit superflu de vous entretenir des qualitez du païs, de l'humeur & de la maniere de viure des peuples qui l'habitent. Vous en pourrez neantmoins iuger par le raport qu'il doit y auoir de la maniere d'agir des personnes qui habitent ou vous estes, sur qui cét Astre à quelque petite domination, auec celles qui ressentent les effets de son influance dans toute l'estenduë de son pouuoir; aussi ceux qui comme moy n'y sont pas accoustumez, croyent en voyant ces pauures sublunaires dans leurs deportements & les actions ordinaires de leurs vie, voir incessamment representer vne commedie, ou plutost vne farce.

Les villes & les Chasteaux qui estoient dans ce Royaume ne se trouuant pas assez commodes pour loger sa Majesté, on luy fit bastir vn Palais au milieu d'vne belle campagne, le plus conuenable qu'il fut possible a sa dignité & a l'estat present des choses qui l'obligeoient de venir en ces lieux. Il arriua que dans l'espace qu'on auoit pris pour faire ce Palais, il se rencontra vne longue allée de Noyers, dont la vieillesse jointe a la hauteur qu'ils auoient, rendoit ce lieu la extremement agreable. Bien que ces arbres soient tres malheureux pour attirer sur eux le foudre du Ciel, & rendre funestes par ce moyen tous les endroits qui en sont proches, l'on ne les voulut pas pourtant faire abatre: & l'on trouua ce lieu dautant plus propre a bastir le Palais de sa Majesté, que sa presẽce qui rend miserables les lieux ou elle est, auroit pû porter la colere & la disgrace du Ciel dans ceux qui en auoient esté exempts iusques alors. En effet il n'est pas possible d'en juger autrement a qui voudra se donner le plaisir de considerer la suitte des actions de la vie qu'elle a menée dans ce monde sublunaire.

Au bout de cette auenuë lon entroit dans vne grande Cour qui conduisoit à ce superbe Palais basty auec tant d'artifice & d'ornement que ie n'ay rien veu dans vostre monde qui l'esgale: & cõme l'architecte cõnoissoit celle qui deuoit l'habiter il ne voulut pas qu'il pût en rien ceder au Palais du Soleil. Veritablement il surpasse aussi tellement l'imagination, qu'il me seroit imposible de vous le dépeindre. vous jugez bien de la ioye qu'elle eut de le voir, & combien elle s'estima heureuse d'estre reçeuë dans vn lieu si magnifique qu'on auoit fait pour elle auec tant de soin & tant de diligence. Il falloit qu'en ce moment elle se crût au dessus de toutes choses puis-qu'auec assez d'injustice elle croyoit estre mesme au dessus de V. A. R. & c'est estre bien esblouye d'vn honneur si chimerique, & auoir bien oublié la solide grandeur d'vne si grande Princesse, que vous, que de s'estre cruë plus esleuée qu'elle. Ce fut neantmoins vne de ses visions, & se flattant mesmes à bon marché, elle se trouua vangée des sujets de plaintes qu'elle croyoit mesme auoir de vous. Vous verrez par la suitte les desseins qu'elle conceut dans ce beau moment, qui sera à mon auis le seul qu'elle aura jamais en ce lieu. Mais auparauant que d'en rien dire, il faut acheuer de vous representer sa demeure, & la faire promener dans les plus remarquables lieux de sa maison. Aprés auoir donc passé cette cour, elle monta vn grand escalier fait auec la mesme pompe que le reste du logis, & d'vne hauteur si prodigieuse, que l'on n'en peut nombrer les degrez. Elle y monta pourtant auec toute sa Cour, & ce qui parut d'abord à ses yeux, fut vne figure de marbre representant la fortune qui luy tournoit le dos. Cét objet luy déplut & le iugea de mauuais augure. Mais comme elle en auoit esté mal traittée depuis long-temps, elle ne s'en estonna pas. Cette figure tenoit en sa main vne volute de marbre noir, sur laquelle estoit graué ce Sonnet en lettres d'or.

TOn desir ardent de regner
T'a fait auec grande imprudence,
Mes bonnes graces dédaigner
Alors que tu viuois en France.

Croy tu qu'icy haut ta puissance,
Te fasse jamais regagner,
Tous les plaisirs en abondance,

Ou châcun t'auoit veu baigner.

Mais le moyen de te seruir,
Et de te pouuoir maintenir
En l'estat ou ie t'auois mise?

Car tu viuois si mal vers cét obiet parfait,
Et te monstrois si peu soubmise
Que i'ay détruit tout ce que i'auois fait.

Vous pouuez croire quelle fut la surprise de la Reine du monde Lunaire à la lecture de ce Sonnet. Cela n'empescha pas que sa curiosité ne la portast à visiter les appartemens de cette belle maison. Estant sur le point d'entrer dans celuy qu'on luy auoit preparé, il s'eleua vn vent impetueux qui ébranla cét édifice jusques à ses fondemens, & l'on entendit à mesme temps vn bruit effroiable, causé par le tonnerre qui fut suiuy d'vn grand coup de foudre qui l'abatit en vn instant, comme si le Ciel l'air & la terre eussent cõspiré à la priuer de la iouyssance des belles monstres & des belles apparances, dont elle faiſoit tout ſon bon-heur. Aprés cette diſgrace, ie ne m'arreſteray pas à vous dépeindre le reſte des beautez de ce Palais. Ie vous diray ſeulement que pluſieurs de ſes gens qui l'auoient ſuiuis, furent enuelopez ſous les rüines de ce grand édifice. Elle en fut preſeruée par vn miracle que la Lune voulut faire en ſa faueur, car elle ſe trouua au bout de cette grande allée de Noyers, ſans auoir ſouffert aucun dommage en ſa perſonne. Il luy fut impoſſible alors de retenir ſes larmes en voyant le debris d'vn Palais ſi ſuperbe qu'on luy auoit edifié, ne croyant pas que l'on puſt trouuer rien de pareil dans le circuit de tout le monde Lunaire.

Comme elle cherchoit le reſte de ſes gens pour ſe plaindre auec eux de ce deſaſtre, aprés auoir fait quelque pas par de la cette allée de Noyers, elle apperceut vn Palais baſty de pierre noire & blanche d'vne maniere aſſez belle, & qui n'eſtoit gueres eſloignée de la moderne. Il y auoit neantmoins quelque choſe de mélancolique, le principal corps du logis tenant de la forme d'vn Tombeau & les deux pauillons qui estoient au deux costez bastis en fasson de deux grandes vrnes, sur lesquels estoient des torches; la balustrade qui regnoir autour du corps du logis & des deux pauillons estoit faitte en figure d'os de morts, & tout ce qu'il y auoit d'ornement dans cette maison estoit triste & lugubre, & deuoit plutost décorer vn Mausolée que le Palais d'vne Reine viuante qui auoit mille desseins dans la teste qu'elle vouloit executer a quelque prix que ce fust. Ce blanc & ce noir qui parroissoit dans l'assemblage des pierres qui composoient cette maison ne faisoit pas vn effet fort gay, quoy que pourtant assez beau. Or pour monstrer à la Reine que ce Palais luy estoit destiné, l'on y auoit graué ses armes sur le frontispice qui sont, si ie ne me trompe, de sable, à la bande d'argent chargée de trois Chasteaux en Espagne, & pour supports deux Guenons, sur le cimier vne grande Guenon qui monstre les dents, & pour cry de ses armes *Rien a demy*.

Entre plusieurs marques de sa Royauté, ie

consideray auec attention son Regiment des gardes, qui se trouua en haye dans cette seconde maison, il estoit composé de plusieurs nations, entre autres de Gots, de Visigots, d'Ostrogots, de Margajats & de Topinambous & de toutes les nations les plus esloignées, tous vestus & armez à la mode de leur Païs : les Officiers tous armez de croissants, le bruit des tambours estoit a peu prés comme celuy des chariuaris qu'on fait en France.

Les drappeaux estoient bigarrez de gris & de feuille morte, ses couleurs ordinaires, l'vne representant l'esperance perduë de son bonheur passé, & l'autre le trauail continuel qu'elle en ressentoit. La deuise qui estoit peinte sur tous les drappeaux, estoit vn Nauire qui a le mauuais vent de tous costez, auec ces mots, *Contre fortune bon cœur.* Ie remarquay que l'on n'entre pas dans ce Palais ainsi que l'on fait dans les autres, estant necessaire de passer par vne grande gallerie, a la porte de laquelle on trouue vn tourniquet qui peut seruir de diuertissement à ceux qui en veulent prẽdre de cette

sorte

ſorte, & qui ne repreſente pas mal le genie de la Reyne du monde Lunaire. Comme cette gallerie eſt deſtinée pour ſa promenade ordinaire, on a eu ſoin de la rendre peinte & dorée, & d'y mettre tous les plus beaux tableaux des plus excellens Peintres de noſtre monde. I'eus beaucoup de plaiſir a les conſiderer, & comme la peinture eſt vne de mes grandes paſsions, ie vous rendray vn conte plus particulier des choſes qui ſont dans cette galerie, que dans aucun appartement de toute cette grande maiſon. Les ſujets des tableaux qui s'y voyent ſont tous pris de la fable & de l'hiſtoire : Et les Heros & les Heroïnes de l'vne & de l'autre s'y font connoiſtre par leurs principales actions. Le Promethée eſt dépeint a perfection auec ce Vautour qui luy vient béqueter le foye, pour le punir du larcin qu'il auoit eſté faire iuſques dans le Ciel. On y voit Tantale qui ne peut ſatisfaire a l'enuie cruelle qu'il a ſans ceſſe de boire & de manger, bien qu'il ſoit prés de l'eau & qu'il ſoit enuironné de fruits. Siſiphe qui porte vn caillou d'vne groſſeur prodigieuſe du bas en haut d'vne montagne y est representé dans son trauail ingrat auec toute l'industrie possible; mais rien ne m'a tant attaché, comme vn tableau de la malheureuse Niobé que les Dieux punirent cruellement par ce quelle auoit osé pretendre quelque auantage sur Latone qui estoit du sang des Dieux. Les tableaux de tous les malheureux & des malheureuses de la fable, que vous connoissez mieux que moy, comme toute fraische sortie de la lecture des Metamorfoses d'Ouide, y auoient leur place, & ne faisoient pas la moins belle partie de cette galerie. Les portraits des Medées, des Helenes & de ces autres femmes si funestes au genre humain n'estoient pas des moins beaux. Il y auoit vn autre endroit de cette galerie ou l'on voyoit de suitte les representations de tous les fauoris disgraciez depuis Sejan iusques au Marquis d'Ancre. Tous ces tableaux estoient accompagnez de belles sentences & de beaux dictons, & pleust à Dieu que ma memoire me pust fournir maintenãt les plus belles deuises que i'ay leües dans cette gallerie, car ie suis asseurée que V.

A. R. qui y prend beaucoup de plaisir en seroit tres agreablement diuertie. Voicy celles dont i'ay pû me souuenir.

La premiere est d'vn homme qui veut casser vn grés, & auprés de luy vne belle ieune Dame brune qui luy retient le bras, auec ce mot.

Ie luy en ay assez cassé.

Vn Nauire sur vne Mer calme, & il s'excite vn orage qui la brise en mille pieces, auec ce mot. *I'ay fait nauffrage au Port.*

Vne biche poursuiuie par des chiens, auec cē mot. *Ie suis a bout.*

Vne Taupe, auec ce mot.

La prosperité m'aueugla.

Vne Escreuisse, auec ce mot.

Ie fais tout à rebours.

Vne assemblée de ieunes Loups qui se ioüent, & vne vielle chienne qui les regarde & se mesle auec eux, auec ce mot.

Il faut hurler auec les Loups.

Vn Grillon, auec ce mot.

Ie me plains & l'on ne m'entend pas.

Vne Corneille, auec ce mot.

Ie porte le dueil de ma disgrace.

Vn Chat qui auoit pris vne souris & qui la laisse eschaper, auec ce mot.

Elle m'a eschapé.

Vne mouche a miel, & ce mot.

Ie n'espargne rien pour
me vanger.

Vne Femme masquée d'vn masque de Venise, auec ce mot.

L'on ne m'a pas moins reconnuë.

Vne Femme qui se picque en prenant vn chardon, auec ce mot.

Ie l'ay mal pris.

Vn papillon qui se brusle à la chandelle auec ce mot.

Quand il m'en deuroit couster la vie.

Vne aragnée qui file & vne mouche qui perce la toile, auec ce mot.

I'ay trauaillé en vain.

Vn Cameleon, auec ce mot.

Ie change & l'on m'a changé.

Vn gros chesne qu'on veut embrasser, auec ce mot.

Qui trop embrasse mal estreint.

Vne Femme qui veut cueillir des roses auec ce mot.

Ie n'en prens que les peines.

Des fleurs de pensées que l'on fauche, auec ce mot. *Elles sont trop hautes.*

Vn Soleil & vn Girasol à l'ombre & ce mot.

Ie le cherche & il me fuit.

Vn Ixion qui croit embrasser Iunon & n'embrasse qu'vne nuë, & ce mot.

Ie me contente.

Vn Cerf volant de papier, dont les enfans se joüent, qui est tombé à terre aprés auoir esté esleué, auec ces deux vers.

Ie ne tenois qu'a vn filet.
Ie m'estois trop haut esleuée.

Vn Balon enflé, auec ce mot.

Ie ne subsisteray pas long temps.

Vn faux diamant, auec ce mot.

Il n'importe pourueu que ie brille.

Si i'auois la memoire plus heureuse que ie n'ay pas, ie vous en dirois plusieurs autres qui valent bien celles qui sont icy, & qui ne declarent pas mal l'eſtat de la condition & les intentions de cette Reine du monde Lunaire. Et en effet la connoiſſance que l'on à de ſa mauuaiſe conduite auoit obligé ceux qui auoient composé ces deuiſes de les faire de la ſorte.

Il y auoit auſſi quelques Sentences qui eſtoient écrites en gros carracteres en pluſieurs endroits de cette gallerie, mais ie n'ay pû les retenir, il me ſouuient ſeulemẽt, qu'au bout de la galerie on voioit vn quadre fait d'vne maniere aſſez iolie, lequel on auoit poſé entre deux feneſtres afin d'obliger ceux que la curioſité auoit fait venir en ce lieu, à y lire ce qui y eſtoit eſcrit, & comme il y auoit peu de paroles, i'en ay chargé ma memoite aiſément. Elles ſõt ce me ſemble fort ſignificatiues du genie de la Reine.

DALLARDORE LARDIRE

Mais ie voy bien que V. A. R. eſt dans l'impatience de ſcauoir comment cette Reine eſtoit habillée aux iours de ceremonie, & lors qu'elle ſe faiſoit voir en public. Ce qui arriuoit aſſez rarement pour ne ſe pas trouuer en l'eſtat qu'elle euſt bien voulu, & auſſi parce que les caterres, les rumes & les defluxions, dont ſa qualité ne l'exempte point, ne luy permettoient pas de ſe monſtrer ſouuent à ſes ſujets. Ie pris neanmoins occaſion de la voir dans vne audiance publique qu'elle donnoit à quelque Ambaſſadeurs qui venoient luy témoigner la ioye que leur Maiſtre auoit de la voir maintenant montée ſur le troſne.

Elle eſtoit veſtuë d'vne robbe de velours tanné, ſur laquelle eſtoient ſemez quantité de croiſſans & d'eſtoilles qui ſont à bon marché en ce Pays là, pour le peu de chemin qu'il faut faire pour en auoir vne aſſez bonne prouiſion. Les manches de cette robe eſtoient pendantes ſur leſquelles eſtoient brodées de ces longues cometes, qui prediſent touſiours quelque choſe de funeſte. Le corps de ſa robe eſtoit de velours noir, & comme il eſtoit d'vne longueur prodigieuſe, le brodeur l'auoit enrichie des figures du ſcorpion, & du dragon & de ſes autres funeſtes conſtellations. Elle portoit ce iour là vne ceinture, d'où pendoit vn miroir d'acier en forme triangulaire, & vn horloge d'Allemagne, auec vn petit peloton pour mettre des épingles. Elle estoit parée de Turquoises d'Opales, & de pierres de Colique.

Ie remarquay au costé gauche de cette ceinture vne gaine de couteaux & vn estuy de ciseaux de la mesme fasson. Elle portoit aussi vn petit flaccon d'eau benite, de crainte du Tonnerre, & vn chapelet fait de vrayes testes de mort pour l'entretenir dans la deuotion ordinaire, dont elle fait profession. Elle auoit vne bourse pleine de pites & d'oboles dõt elle payoit les pensions de ceux qu'elle aimoit le mieux. Il luy prit enuie de mettre ce iour là vn colet monté, & elle auoit la gorge ouuerte, que ie ne luy trouuay pas fort changée, car elle est reduitte à vne telle maigreur que quelques grosses que fussent les perles, l'enfoncement faisoit qu'on ne les voyoit presque pas : & ainsi la Dame d'atours fut obligée de luy faire faire des boules d'argent de la grosseur de celles dont on iouë au mail, & neantmoins dans vn mediocre

mediocre essloignement elles ne paroissoiét pas plus que de la semence de perles.

Elle a les ioües d'vne excessiue grosseur, & sa bouche est toujours aussi grande qu'elle a esté, ses yeux sont de beaucoup plus sortis de sa teste qu'ils n'estoient, son nez est aussy deuenu gros pour le moins de la moitié, & bien plus rouge qu'il ne fut jamais. La couleur de son teint est semblable a celuy de la Lune, son front s'est accreu par la perte de ses cheueux, car elle n'en a maintenant pas vn, & la necessité l'a contrainte de prendre vne perruque a la mode du païs, ou les cheueux roux sont les plus estimez (ce qui pourtant ne conuient pas trop bien a son teint) Elle en a vne quantité horrible de frizez & sans poudre, dans lesquels on auoit placé mille poinçons de pierres qui ne brillent point, les autres n'estant point à l'vsage du pais. Sa Couronne estoit faite comme vn monde, & elle luy entroit dans la teste en forme de bonnet. Il y auoit au haut de cette Couronne vne petite Lune qui estoit soûtenuë par de petites branches d'ou pendoient les douze Signes Celestes d'argent blanc & doré. Elle ne tenoit rien dans ses mains qui sont & fort maigres & fort noires, au reste sa grace estoit tres mauuaise, ainsi que sa mine l'est. Ses Dames d'honneur & d'atour & les filles que ie vis auprés d'elle, ne sont pas aussi pourueües d'vne mine fort haute. Les principaux Officiers de sa maison & de son Conseil, & les gens qu'elle a menez d'icy ne sont pas des mieux faits.

I'auois vn si grand desir de vous parler de la personne de la Reine, & de vous entretenir de sa parure & de ses ornemens que i'ay oublié à vous dire les plaisantes choses que ie vis aux lieux qui estoient proches de cette grande galerie, & ie m'asseure que vous n'en serez pas mal diuertie. Ie vous diray donc que dans la salle des Gardes il y auoit plusieurs hommes à Vertige armez d'arquebuses à croc & d'arbalestes à jalet, pour le secours & la garde de sa Lunatique Majesté I'entray en suitte dans son antichambre, où ie trouuay la plus part des Dames du Païs qui l'enuironnoient, lesquelles estoient assises sur des degrez dressez en forme d'amphiteatre. Elles estoient vestuës le plus plaisamment du monde, auec des vertugades qui leur alloient jusques au coû, ou estoit attachée vne fraise de reseau empezé. Elles estoient coeffées auec vn moule qui auoit vne demye ne de haut. Toutes ces Dames auoient les cheueux roux, & les traits de leurs visages bigarrez comme leur humeur. Elles ne parloient à personne par ce qu'elles n'entendoient pas la langue, de sorte que leur diuertissement le plus ordinaire est de ioüer entre elles aux merelles.

Reste à vous dire quelle estoit la chambre de sa Majesté. Elle estoit bastie de materiaux aussi diafanes que sa personne, & il y auoit vne alcoue assez bien pratiquée, & à la mode de France, ou estoit dressé vn lit d'vne estoffe du païs, d'argent & noir, doublée de fueillemorte, & cõme elle ne reçoit personne en ce lieu là, mais bien dans vn grand cabinet qui est de plein pied, il faut que ie vous die de quelle fasson il est paré. Le plafond est tout semé de Lunes & de Croissants de toile, & le plancher de Soleils. Il y auoit tousiours vn trosne esleué de six degrez, enrichis de Croissans d'oripeau, dans lequel il prit alors enuie à cette Reine de prendre place. Elle me parut en cét estat si épouuantable & tellement grosse que i'eus peine à la reconnoistre.

Il suruint en ce temps là vne affaire qui obligea la Reine de tenir Conseil, c'estoit pour sçauoir s'il seroit besoin de naturaliser les François qu'elle auoit emmenez auec elle, afin qu'ils fussét en estat de posseder des biens dás ce mō- Lunaire. Il fut resolu que quoy que nais en France, il n'estoit pas necessaire de les naturalizer. parce qu'ils estoient d'humeur Lunatique. Le premier Ministre opina la dessus à merueille, & comme c'estoit en vers, i'ay fait mon possible pour les retenir.

Sa Majesté veut & ordonne
Que mon aduis icy ie donne,
Comme le chef de son Conseil,
Qui n'aura iamais de pareil,
Conseil duquel la Politique

Tout d'vne voix est lunatique,
Ou l'on n'entend point de caquet,
Chacun opinant du bonet.
Il faut donc parler de l'affaire,
Et puis que chacun delibere
Afin de sentir les bienfaits
Sans crainte d'auoir des procez.
Que tous les gens venus de France
Ou l'on dit qu'ils ont pris naissance,
Seront en ce lieu reputez,
Comme des Lunatiques nez;
Car sçachant par experience
Qu'ils ressentent cette influence
Que l'on adore en ce pais
Dans celuy dont ils sont partis,
Et ie rediray donque encore,
Affin que pas vn ne l'ignore,
Que ceux qui sont icy François
Sont naturalizés Lunois.

Cét auis fut suiui de tous les autres Ministres & chacun d'eux opina du bonnet. Aprés qu'ils se furent tous leuez, ils vinrent se mettre à genoux deuant sa Majesté, pour luy baiser la main & la remercier de la bonté qu'elle auoit euë pour eux en en vsant de la sorte qu'elle auoit fait. Toute la Cour trouua que la Reine auoit prudemment fait, & il n'y eut qu'vn seul François à la verité fort consideré & considerable par la dignité de sa charge & par les qualitez de sa personne, qui dist ne vouloir point prendre de part à cette Declaration, ne desirant pas s'attacher pour tousiours en ce pays là, ayant au sien des obligations plus estroites qui l'y doiuent retenir pour jamais : qu'il n'estoit venu faire seiour auec vne nation si extraordinaire que pour faire penitence, & que le temps en estant expiré, il retourneroit à son deuoir & tascheroit de reparer le reproche qu'on luy pouuoit faire d'y auoir si lourdement manqué quelques années. Mais sa Majesté qui ne peut pas souffrir qu'on ayt de bons sentimens pour ceux de France, l'exhorta fort d'oublier tous les bienfaits qu'il y auoit reçeus, disant que l'ingratitude estoit la Reyne de toutes les vertus & celles dont elle faisoit le plus de cas :

voyant que ces raiſons ainſi naiſuement déduites ne le perſuadoient point, elle eſſaya de le faire en prenant vn ſtile plus releué & dit.

Par vne mèchante habitude
Ie viuois en ſujetion,
Mais enfin ie la trouuay rude
Et la pris en auerſion.

C'eſtoit pour vne belle prude,
Et de haute condition,
Pour qui i'eus de l'ingratitude
Non par manque d'affection.

Mais pour n'auoir ſceu la ranger
A me laiſſer la gouuerner,
Et pour auoir fait la rebelle.

Oubliant ſes bien-faits, ie creus pour me vanger.
Que faiſant contre moy, ie faiſois plus contre elle
Enfin ie n'ay failly, qui à deſſein de regner.

Eſt-il pas vray, luy dit elle en ſuitte qu'il n'y

a rien qu'on ne doiue faire pour cela ? vous voyez comme ie m'en trouue, puis que n'estant pas née pour y paruenir par les belles voyes, i'ay esté obligée de me seruir de l'ingratitude. Ne vous estonnez donc pas si ie la presche & si i'en fais le panegyrique : mesmes trouuez bon que ie ne m'en repente iamais, puis qu'elle m'a si bien reussi.

Ce n'est pas que ie n'aye de grans déplaisirs quand ie songe que ie ne regne pas aux lieux ou ie m'estois promis de regner. L'authorité qui faisoit tout mon but & tous mes desseins, quoy qu'elle ne s'estendit que sur vne seule personne reuenoit bien plus à mon goust, & contentoit bien plus mon ambition que tout le pouuoir que i'ay sur mon peuple, & il est vray de dire que de gouuerner vn esprit du prix & de la portée de celuy-là, c'estoit vn plus grand auantage que de posseder l'Empire d'vn monde entier : mais enfin c'est vn mal sans remede & duquel il me faut consoler, puis que i'en suis la seule cause, & que ie me suis attirée cette mauuaise fortune par ma propre conduitte.

Elle

Elle me fit des ennemis qui se sont rejouys de ma Royauté : mais comme ie n'en veus pas demeurer là, ie leur apprendray & mesme a celle qui se rit auiourd'huy de mes entreprises, que si ma vengeance marche lentement, elle n'est pas moins a craindre, & comme vne bonne ingrate qui ne veut point l'estre a demy, ils éprouueront tous que la premiere marque de mon autorité fera voir les effets de mon courroux.

Ce Caualier demeura assez estonné de ce discours, car quoy que son aueuglement fust grand, il luy restoit malheureusement encore assez de lumiere pour luy en faire discerner le mauuais d'auec le bon : & sans respondre il tira de sa poche vn papier qu'il presenta à sa Majesté Lunatique. Elle y leut ces vers.

VNique cause de mon mal
Et la seule qui m'a perduë;
Dieux que ie hay le iour fatal
Auquel vous me fustes connuë.

V

Vous estes comme vn animal,
Dont il faut éuiter la veuë,
L'effet en est tousiours égal,
L'on ne le sent point qu'il ne tuë.

Mais vous cachiez vostre venin
Soubs de belles fleurs de iasmin
Lors que mon ame fut trompée.

Quelques autres aussi, mais ils l'ont découuert
Et remplissant mon cœur de vostre belle idée
Ie me suis trouué seul que l'on ait pris sans vert.

Sa Majesté Lunatique ne trouua pas cela fort bon : mais elle auoit tant de consideration pour ce personnage a cause des perils qu'il auoit courus pour son seruice, & les grandes pertes qu'il auoit faittes, qu'elle n'osa luy en rien tesmoigner, & la chose passa de la sorte : Elle quitta dans ce temps sa place pour aller à la fenestre prendre l'air pour dissiper vne vapeur qui luy estoit montée la teste. Elle s'estoit retirée sous pretexte de regarder son iardin, ou elle n'auoit pas encore entré. Le parterre estoit planté de ruë, d'absinthe & de plusieurs autres herbes ameres & mortelles, au milieu duquel estoit vne belle fontaine, ou il y auoit vne figure admirablement bien faitte qui representoit l'Enuie, & l'eau sortoit par la bouche d'vne infinité de serpens qui enuironnoient cette Statuë. La vapeur estant dissipée, elle iugea à propos de faire assembler son Conseil, ou elle parla de la sorte.

Les iustes ressentimens que ie dois auoir contre vne personne de grande qualité de laquelle i'ay receu mille mauuais traittemens, & dót i'ay esté joüée en prose & en vers, m'oblige à les faire éclater en l'estat ou ie suis. Ce n'est pas qu'aprés m'auoir autrefois fair des honneurs & témoigné des bontez au de la de tout ce que ie meritois, ie ne deusse en auoir toute la reconnoissance imaginable : & qui voudroit comparer le bien auec le mal, trouueroit qu'auec iustice, le premier preuaudroit de beaucoup sur l'autre : mais l'excez d'ingratitude, ou ie me suis iettée ne me donne du souuenir du passé que pour troubler toutes mes ioyes, & pour rendre mon bonheur imparfait : si bien que pour changer ma déstinée presente, ie ne puis recourir qu'a la vengeance, comme a la voye la plus douce & la plus conforme a mon esprit. Et d'autant que pour y paruenir i'ay besoin du secours de tous mes sujets, ie desire m'autorizer dans mon Royaume par des moyens qui puissent m'y faire aymer. Vous sçauez que la iustice, dont par la grace du sort Lunatique ie suis depositaire, estant bien administrée : mes sujets n'auront pas lieu de former aucune plainte. C'est pourquoy ie desire que vous y teniez la main, chacun de vous au prorata de vos charges & de vos dignitez.

Quand a ma vengeance, l'embarras ou ie me trouue, est que cette personne & celles qui l'aprochent contre qui ie veux porter mon ressentiment, n'estant pas mes sujets, ie ne sçais de quelle maniere vser, ny quel expedient prendre pour leur faire ressentir mon pouuoir. I'ay pensé neantmoins que mon Royaume estant au dessus de celuy que ces personnes là habitent, ie les puis traitter comme mes dependantes; & puis i'ay remarqué que tant de gens prennent en ce temps le titre d'vne chose dont ils ne sont pas en possession, qu'auec toutes les chimeres que i'ay dans la teste, ie puis bien encore m'y mettre celle cy. Et quoy que le chastiment quils porteront soit de la nature de mon raisonnement, ie ne laisse pas d'ordonner que la personne principale & que ie ne veux pas nommer, ayt la teste tranchée pour reparation de tout le mal qu'elle m'a fait, si elle peut estre prise : sinon que mon Arrest soit executé en effigie dans vn tableau, ou elle sera representée auec des habits conuenables a sa qualité, considerant que plus elle parestra, plus mon autorité sera releuée, en la mettant en cét estat. Ie desire de plus, que soubs le tableau l'on fasse écrire ces vers.

Plaignez sa mauuaise auanture,
C'est vn effet de mon courroux,
Dieux, qui de mon pouuoir ne seroit point jaloux,
Si ie faisois ce mal autrement qu'en peinture.

I'entens de pl⁹ & ordóne qu'vne Duchesse qui est auprés de sa personne & deux belles ieunes Demoiselles soient toutes trois pendues en effigie, & representées auec vn corps vert & vne iupe rouge auec ces quatre vers au bas.

Nous sommes toutes trois icy.
Penduës comme miserables
Pour auoir ry & chassé le soucy,
C'est dequoy nous sommes coupables.

Et comme il faut proportionner la punition à la grandeur du crime, sçachant qu'il y a vne autre Dame de sa Cour qui est bien plus coupable que les autres, Ie la condamne à estre roüée, luy faisant à la verité cette grace qu'elle ne la seroit pas toute viue, voulant bien qu'elle soit estranglée auparauant : & afin que chacun aprenne mon iuste courroux contre elle, tout le monde lira dans vn tableau ces quatre vers.

L'excez de vostre empertement

Contre sa Majesté Lunaire,
Meritoit bien ce chastiment,
Quoy qu'il ne soit pas ordinaire.

Sa Majesté Lunaire ne respirant que feu & flames continua dans cette cruelle humeur d'ordonner des supplices aussi extraordinaires que les Tyrans de l'antiquité en ont inuentés, & elle les fit ressentir à tous ceux qu'elle n'aimoit pas, lesquels estoient en assez bon nombre. Considerez ie vous prie quel fut le transport de sa rage contre vn homme qu'elle hayssoit, quand elle le condamna d'estre roüé tout vif, esperant que la rigueur du supplice le feroit mourir enragé, & qu'ainsi il seroit damné à jamais, voulant que les effets de son auersion passassent de ce monde là en l'autre. Ces vers estoient attachez au poteau sur lequel estoit mis la roüe, ou cét homme deuoit estre attaché

Le dessein qu'elle auoit de me faire damner,
Est pour monstrer en l'autre monde,
Qu'elle ne sçauoit pardonner,

Tant son esprit en malices abonde.

Elle s'auisa en suitte de faire donner le Croissant a des personnes qui n'auoient pas commis de grandes fautes, ainsi qu'on imprime la fleur de lys sur l'épaule des coupeurs de bourse de France : mais comme ce mal ne respondoit pas assez à l'esprit de cruauté, dont elle estoit possedée, elle inuenta vn tourment tout nouueau auquel les Phalaris n'auroient jamais pensé, & que vostre imagination mesme auroit de la peine a se representer. Elle declara qu'elle vouloit que deux Dames de la mesme cabale que celles dont i'ay desia parlé, fussent penduës à vn clou à crochet par leur nez, lequel a la verité estoit d'vne bonne longueur & d'assez bonne prise, bien que ce ne fust pas l'organe par lequel elle croyoit auoir esté offencée, & que çauoit esté leur langue qui s'estoit eschappée à dire quelques veritez qui ne luy auoient pas esté autrement agreables.

On lisoit ce Sonnet a cette nouuelle potence qui estoit destinée a cet effet.

Vit-on

VIt-on iamais de pauures nez
En des estats plus miserables,
D'estre sans raison condamnez,
Comme seroient des nez coupables.

N'estes vous pas bien estonnez
D'vne chose si déplorable,
De les voir ainsi mal menez,
Quoy qu'il fussent tres venerables.

C'estoit a la langue a souffrir
Le mal dont on les fait mourir,
Puis-que c'estoit pour medisance.

Car à moins que du nez on les ait ouy parler,
C'est vn injuste Arrest qui les fait enfiler
Et pendre aux yeux de tous au bout d'vne potence.

Cette Reyne estant lassée de tant de cruautez & non pas encore entierement satisfaitte, tant elle estoit alterée de sang humain voulut encore faire punir quelques gens qu'elle iugeoit dignes de l'estre : mais le Conseil obtint d'elle vne suspension de sa colere, & la pria d'en remettre la punition a vn autre temps, que cependant on en pouuoit encore executer quelques vns en effigie. Vous iugerez sans doute que la Reyne aura trouué mauuais que l'on a mis au dessous de chaque tableau les vers que ie vous ay recitez, se plaignant qu'on deuoit faire recherche de l'Auteur qui les auoit faits pour luy faire sentir toutes les rigueurs d'vn chastiment exemplaire, puis qu'il auoit fait raillerie de son authorité : mais son Conseil luy represẽta qu'elle ne le deuoit pas cõdãner, cette liberté estant permise en France, ou il y a maintenant vne estrange licence d'écrire ce qu'on pense au mépris mesme de l'autorité des Souuerains ; que son Royaume auoit cela de semblable aux autres qui sont dans le monde sublunaire : & qu'ainsi cette raison la deuoit empescher de songer a punir le Poëte qui auoit composé ces vers. Neantmoins qu'il seroit bon d'arrester le cours de ces libelles seditieux qui pourroient à la fin apporter quelque desordre à vn Royaume qui n'estoit pas encore entierement bien estably. Comme son Conseil en cherchoit les moyens, il arriue vn Courier d'Enfer de la part de Proserpine pour offrir a la Reyne ses seruices auprés de son mary Pluton, le Maistre de cét effroiable seiour. Sur quoy l'on proposa dans ce Conseil de faire vne ligue offensiue & defensiue auec luy, & la chose ayant esté communiquée à sa Majesté Lunatique, elle l'aprouua fort, & dit la dessus, qu'elle tireroit vn grand auantage de cette nouuelle alliance : que comme les habitans de cette horrible demeure sont répandus par tout Païs en fort grand nombre, elle se pourroit seruir d'eux pour faire executer les cruels Arrests qu'elle auoit donnez peu de temps auparauant : & qu'il falloit que ces personnes là mourussent tout de bon, & non pas en peinture. Cette affaire fut encore mise en deliberation, mais ie ne peus pas vous dire ce qui a esté resolu, parce que le Courier part à ce moment de ce monde Lunaire, pour aller au vostre, & ie n'ay de loisir que ce qu'il en faut pour fermer ma lettre : ie ne puis pas vous en dire dauantage. Ie suis

MADEMOISELLE

Vostre tres humble &c.

SONNET.

DE MONSIEVR LE COMTE DE Fiesque, sur le Royaume de la Lune.

I'Ay leu vostre Monde Lunaire,
Il m'a parû si bien éscrit,
Que ie trouue que vostre esprit,
A tout ce qu'il faut pour nous plaire.

On n'y voit rien qui soit vulgaire;
Et ie croy que Monsieur Esprit,
Qui s'est acquis tant de credit,
Sur ce suiet n'eust peu mieux faire.

Les vers en sont charmans & doux,
Enfin il est digne de vous,
Mais c'est vn peu beaucoup en dire.

Car ie ne voy rien icy bas,
Sinon, ce que ie vous desire,
Qui soit digne de vos appas.

SVITE DE L'HISTOIRE DE LA MARQVISE DE FOVQVESOLLES.

NE maladie que i'eus l'Hiuer passé, qui m'accabla l'esprit aussi bien que le corps, interrompit le dessein que i'auois de continuer l'histoire de ma vie : & ie m'imagine que cette interruption ne vous en fera pas trouuer la lecture moins agreable. Quelque temps aprés que ie fus guerie, l'on me parla de marier mon frere, & l'on luy proposa vn party fort auantageux. Cette occasion de m'intriguer, iointe auec le deuoir d'vne bonne sœur, comme vous sçauez que ie ſuis, me la fit embraſſer auec aſſez de chaleur, quoy que les affaires de famille ne me ſoient pas ſi agreables que les intrigues de la Cour, & que le ſoin de procurer du bien a autruy, ait touſiours eſté fort eſloigné de mon naturel. Ie ne pus donc m'empeſcher de m'entremettre pour faire reuſſir cette affaire, & i'y perdis beaucoup de temps, que i'ay depuis taſché de reparer le mieux qu'il m'a eſté poſſible. Ie ne l'ay pas à la verité employé à rechercher les bonnes graces de Mademoiſelle, ayant perdu quaſi toute l'eſperance que i'auois d'y pouuoir rentrer, voyant mes meilleurs amis broüillez auec elle : mais s'eſtant preſenté dans ce temps vne occaſion de marier Monſieur de Saujon tres auantageuſement, dont Mademoiſelle ne ſe voulut meſler en aucune maniere, cela me donna bien lieu de croire que les ingrats ne ſeroient jamais bien venus d'elle, & que comme i'eſtois de ce nombre là, ie ne deuois plus m'attendre qu'a la continuation de ma diſgrace. Ie ne pûs à la verité m'y reſoudre ſans reſſentiment, ſi bien que ie fus long-temps à ne faire autre chose qu'a m'appliquer à tout ce que ie pourrois inuenter pour luy déplaire, & mesme pour luy nuire, enquoy ie puis dire que le Ciel me fut fort fauorable en m'enuoyant vne occasion telle que ie vay vous dire.

Les affaires de Monsieur ayant obligé d'enuoyer Mademoiselle a Orleans, elle s'y rendit auec toute la diligence possible, & son voyage eut le succez tel que Son Altesse Royale pouuoit desirer, tant par l'vtilité que le party en receut, que par l'applaudissement que tout le monde donna a la bonne conduite de Mademoiselle sa fille. La chose est assez sceuë pour ne rien dire que ce qui fait à mon sujet. Mademoiselle ayant ainsi heureusement asseuré au party de Son A. R. cette grande & considerable Ville, le Mazarin vit eschoüer le dessein qu'il auoit d'y mener la Cour & de l'y faire sejourner. Tous les Mazarins en furent dans vne consternation nompareille, & tous ceux mesmes qui ne l'estoient pas, lesquels se trouuoient en ce temps-là a la Cour.

Ie creus que ie deuois alors prendre mon

temps

tẽps pour me mettre biẽ auec la Reine qui sca-uoit fort biẽ le mépris que Mademoiselle faisoit de moy & ie ne doutois point que ie n'en fusse assez bien traittée. Ie taschay donc par toute sorte de voyes de m'attacher a la Cour, & il me fut aisé de le faire, d'autant que des personnes comme moy, y sont bien mieux venues que des personnes de grand merite & de grande probité. Leurs Majestez estant de retour a St. Germain, ie fis mes efforts pour y aller; mais la difficulté des chemins m'en empescha. Cependant ayant trouué moien de faire sçauoir ma bonne volonté, i'appris que l'on m'en sceut assez de gré & qu'elle fust mesme reputée pour l'effet, de sorte que ie continuay tousiours le cõmerce que i'y auois. Durant ce temps là ie rencontrois souuent Mademoiselle a Luxembourg, ou ie ne laissois pas d'aller quoy que ie fusse Mazarine, mais comme c'est vn lieu ou toute sorte de gens sont bien receus, ie ne faisois nulle difficulté de m'y faire voir. La marque par laquelle ie parus Mazarine fut qu'ẽ suitte de quelque rumeur qui arriua vn iour au Palais ; ou Monſieur le Preſident de Meſmes mon Oncle ſe trouua embaraſſé, il ſe cruſt obligé de s'en aller a ſa maiſon de campagne, ſans autre deſſein que de ſe repoſer, & de s'eſloigner du bruit & des rumeurs qui ſe faiſoient tous les iours a Paris. Pendant ce temps la Cour eſtoit a Pontoiſe, ou elle s'auiſa de faire vn parlement qu'on peut appeller ridicule, & qui fut compoſé des déſerteurs du Parlemēt de Paris, leſquels eſtoiēt en fort petit nombre, & tous eſclaues du Mazarin. I'auois alors mon frere le Capitaine malade a Pontoiſe, ſa maladie fut le pretexte du voyage que ie fis en cette ville là, & ie pris pour ma ſeureté vn paſſeport de ſon Alteſſe Royale, a deſſein de l'aller déſeruir, ne pouuant iamais rien faire de bonne foy. Auſſi toſt que ie fus à la Cour, ie fis propoſer au Mazarin par le Procureur general qui eſt ſa Creature, que s'il vouloit, ie ferois tous mes efforts pour y faire venir Monſieur de Meſmes. Vous croyez bien que le Mazarin accepta auec ioye cette propoſition, n'ayant point dans ſon Parlement de gens du merite & de la capacité de mon Oncle: ie fis faire vers luy mille allées & venuës, & voyant qu'il deliberoit trop long temps pour se rendre à Pontoise, ie l'allay trouuer en sa maison & heureusement pour moy, ie le persuaday de faire ce pas contre luy mesme, qui estoit à la verité assez grand, mais ie ne m'en souciois gueres, puis qu'il me faisoit considerer à la Cour, & qu'il me donnoit lieu doresnauant de me faire connoistre & de pouuoir m'entremettre de toutes choses. Durant que ie brassois cette affaire, dont personne n'auoit de connoissance, Mademoiselle s'auisa d'estre en curiosité de ce que i'allois faire à la Cour, iugeant bien que c'estoit toute autre chose que la maladie de mon frere qui m'y faisoit aller. Et en effet la cónoissáce qu'elle auoit que ie ne me meslois jamais de rien a bonne intention, & que deplus i'estois Mazarine luy fit aisément croire que c'estoit quelque chose contre le party.

Elle commanda à Monsieur le Comte d'Holac Mareschal de camp dans l'Armée de Son Altesse, & Lieutenant de ses Gens-d'armes,

Homme de grande qualité & de merite & fort attaché à elle, d'enuoyer vn party de son Regiment sur le chemin de Pontoise, à dessein de m'y attendre & de prendre les cassettes qui seroient dans mon carrosse, pour estre parfaittement esclaircie du sujet de mon voyage, & pour en rendre vn conte particulier à S. A. R. I'ay sceu qu'on auoit apporté tous les soins imaginables pour faire reussir ce dessein : mais mal-heureusement pour elle, & heureusement pour moy, ie ne partis point ce iour là, & Madame la Mareschalle de Grammont donna dans l'embuscade qu'on auoit dressée pour moy. Dés que l'on connut que c'estoit elle, l'on la laissa passer & l'Officier qui commandoit luy fit excuse de la peur qu'il luy auoit donnée, & luy dit que ce n'estoit pas à elle, à qui il en vouloit. Vous vous souuenez bien que vous & Monsieur vostre frere fistes vn grand bruit de cette affaire là, & trouuâtes ridicule ce que Mademoiselle auoit ordonné, car vous ne manquez jamais ny l'vn ny l'autre de desapprouuer toutes ses actions, par vne liberté que vous

vous donnez de le faire. Vous me pardonnerez si ie vo⁹ dis, que bié que vous soyez deuote, vous estes tousiours au guet pour rendre de mauuais offices à vostre prochain : mais c'estoit bien le moins que vous pouuez faire pour moy, & entre nous autres deuots nous n'en faisons pas scrupule, pourueu que ce soit dans la veuë de nos interests. Vous contastes cela à S. A. R. d'vne maniere á l'obliger d'en faire vne reprimende à Mademoiselle : mais il a vne telle consideration pour Mademoiselle sa fille, qu'il faudroit des choses bien plus considerables pour le porter à en venir là.

Mademoiselle ayant eu connoissance de cét impertinent discours par Monsieur le Prince à qui Son A. R. l'auoit dit, elle traitta la chose auec la hauteur qui luy est ordinaire, tant pour les petites que pour les grandes. Monsieur le Prince en vsa aussi comme il deuoit, car lors que Son A. R. luy en parla, il vous traitta de ridicule d'oser trouuer a redire a rien de ce que Mademoiselle fait. Il dit mesmes a Son A. R. qu'il s'estoit offert a executer la commiſſion de Monſieur le Comte de Holac, & qu'il eſtoit perſuadé auſſi bien que Mademoiſelle que ie n'eſtois allée a Pontoiſe que pour faire quelque intrigue qui nuiroit au parti. Ils furent bien toſt éclaircis de ce dont ils eſtoiẽt en doute, car l'arriuée de mon Oncle à la Cour, fit bien connoiſtre le ſujet de mon voyage, & lors Mademoiſelle fit auoüer à Monſieur qu'elle auoit eu raiſon de faire ce qu'elle auoit fait, & que tous ceux qui me maintenoient, eſtoient des gens fort peu zelez pour ſon ſeruice. Monſieur le Prince fit bien valoir la choſe contre moy & mes amis, & quoy que ie meritaſſe bien que l'on ſe plaignit de moy, il ne le fit pas neantmoins, tant pour cette conſideration, que pour plaire à Mademoiſelle, de qui il eſt fort amy, & a qui il publie auoir beaucoup d'obligation & eſtre fort attaché a ſes intereſts.

Quelque temps aprés ie me reſolus de venir à Paris, mais comme l'on ne venoit point ſans eſcorte, ou ſans Trõpette, ie me trouuois en vn fort grand embarras, d'autant que Monſieur de Valon auoit ordre de Mademoiselle de ne me point faire donner des troupes de S. A. R. Les Comtes Descars & d'Holac Mareschaux de Camp dans cette Armée là, & qui dépendent d'elle entierement, auoient le mesme ordre en son absence, & deuoient aussi prendre garde que le Baron de Clinchamp qui commandoit celles qui estoient venuës de Flandre pour Monsieur le Prince, n'en fût point prié : auquel cas ils auoient aussi ordre de Mademoiselle de le prier du contraire, à quoy Clinchamp n'auoit garde de manquer, l'honorant infiniment comme il fait. Pour celles de Mõsieur de Loraine estant commandées par Monsieur le Cheualier de Guise, il estoit trop bien informé des intentiõs de Mademoiselle, pour que ie pusse en esperer du secours, non plus que des autres. Dãs cét embarras ou ie me trouuois, mon bonheur voulut que Mr. le Prince tomba malade, & ie iugeay que ie deuois prendre ce temps pour faire sçauoir mon intention à Monsieur le Comte de Tauanes, lequel quoy qu'informé de l'auersion que Mademoiselle auoit pour moy, ne laissa pas inconsiderement de m'enuoyer vn Trompette auec lequel i'arriuay à Paris.

Ie ne fus pas long temps sans que mon arriuée fut sceuë, car i'auois auec moy le Sieur de Pradelle Capitaine au Regimẽt des gardes, qui n'auoit point de passe-port de S. A. R. & lequel venoit à Paris pour se mettre a la teste de quelques gens qui vouloiẽt y exciter vne sedition & faire en suitte main basse sur ceux qui seroient contraires au Mazarin, sans en excepter mesmes les personnes Royales, qui se trouuoient alors en cette ville là. Il y deuoit venir aussi des Officiers en nombre, des troupes de l'armée Mazarine qui n'en estoient pas esloignées, affin de faire mieux reüssir ce pernicieux & cruel dessein. Et cela estant venu à la connoissance de S. A. R. il m'enuoya querir, & me dit que ie luy répondrois de Pradelle, puisque ie l'auois amené, & me parla d'vne maniere qui m'intimidoit : mais comme il a tousiours beaucoup de gens aupres de luy, qui le trompent, & qui rendent de bons offices a ceux qui le seruent mal, ie trouuay des amis de cette nature

nature, qui firent que la chose en demeura là. Mademoiselle ne le sceut qu'aprés & si Monsieur le Prince n'eust point esté malade, il m'auroit fait arrester indubitablement, & en verité ie le meritois assez, veu les bons seruices que i'auois rendus au Mazarin. Mais ie me vis peu de temps aprés en estat de ne rien craindre de ce costé là, pource que la Cour reuint triomfante à Paris; que Monsieur eut ordre de s'en aller, & que Mademoiselle preuint celuy qu'on estoit sur le point de luy donner de sortir de Paris. L'on fut quelque temps sans sçauoir ou elle estoit, les vns croyoient qu'elle estoit à Bruxelles, sçachant bien qu'vne Princesse d'vn si grand merite trouuera tousiours retraitte en quelque lieu ou il luy plaira d'aller: les autres disoient qu'elle estoit allée dans quelqu'vne des places de Monsieur le Prince, & que Monsieur de Loraine & luy l'y estoient venus receuoir. Ce qui estoit assez vray-semblable, puis que l'on croyoit qu'elle auoit fuy, sur l'aduis qui luy auoit esté donné qu'on vouloit l'arrester, & que l'vn & l'autre de ces deux Princes sont fort de ses amis & tres zelez pour son seruice.

Quoy qu'elle n'eust pû estre blasmée de personne, quand elle se seroit renduë en l'vn de ces lieux, ou ie vous ay dit qu'on faisoit courre le bruit qu'elle estoit allée, ie ne laissois pas par belle malice de debiter par tout sa sortie, d'vne maniere à la faire condamner de tout le monde, & ie disois toutes les choses que ie me pouuois imaginer, pour faire desapprouuer ses actions : mais l'on sceut peu de temps aprés qu'elle auoit pris vne resolution bien plus raisonnable que celle là, & qu'elle estoit allée en sa Maison de St. Fargeau, & que pendant qu'on la croyoit aux lieux, dont ie vous ay parlé, elle n'auoit bougé de Pons, qui est vne maison qui appartient à Madame Boutillier. Ce m'estoit la derniere douleur de voir que cette Princesse n'eust fait en cela, comme en toutes les autres choses de sa vie, rien qui la pust faire condamner. Car Madame Boutillier est vne femme qui à desia de l'âge, & qui d'ailleurs est d'vne qualité, & d'vne vertu qui luy ôt acquis la reputation d'vne des plus honnestes personnes de son temps. Elle estoit accompagnée de Madame de Frontenac, de quelques vnes de ses femmes,& de quelques autres de ses gens. Mon ennemy Presontaine estoit de ce nombre, & il ne faut pas s'estõner aprés cela, quoy qu'õ ayt pû dire, que Mademoiselle s'ẽ soit allée auec diligence hors de Paris, comme elle fit. Car quoy que ie ne rende iustice à personne, & moins à elle qu'aux autres, puisque ie la hay au dernier point, ie ne puis pourtant m'empescher d'auoüer qu'elle à eu toutes les raisons imagina- ginables d'auoir agy de la sorte qu'elle à fait. L'embarras dans lequel se trouua Monsieur le iour que le Roy arriua, luy empescha de luy donner les ordres necessaires sur ce qu'elle auoit a faire, de sorte que retournant chez Madame la Comtesse de Fiesque la ieune, ou elle auoit couché le iour qu'elle délogea du Palais des Thuilleries par ordre du Roy (ce qui fut vn sujet d'estonnement à tout le monde, voyant sortir cette Princesse d'vn lieu ou elle auoit demeuré depuis sa naissãce) elle apprit que l'on auoit de grans desseins sur sa persõne, & elle crût qu'elle deuoit songer au plustost à se conseruer sa liberté, qui est la chose du monde la plus chere, principalement aux gens qui sont nez d'vne qualité si fort esleuée au dessus des autres, comme est Mademoiselle. Et à vous dire le vray, la connoissance qu'elle auoit de l'auersion de la Reine fondée sur les grans & considerables seruices qu'elle auoit rendus à Monsieur, & à son party, luy donnoit de grans soupçons & comme elle les trouuoit assez bien fondez, & sçachant dailleurs que le Mazarin ne conseille que des choses pernicieuses & iniustes, & qu'il n'en veut qu'au sang Royal, à la destructiõ duquel il trauaille to9 les iours, elle crut que parce qu'elle en est sortie, & par plusieurs raisõs qui la rendoient la plus considerable de son party & qui la faisoient passer pour criminelle dans celuy du Mazarin, que l'on n'épargneroit non plus son sexe que sa qualité, & quelle ne seroit pas exempte de la demeure du bois de Vincennes, ainsi il n'y a personne qui puisse blasmer la resolution qu'elle prit de se retirer:

mais quand elle en auroit fait d'auantage, il n'y a que moy qui auroit pû y trouuer a redire.

Pendant ce temps là i'estois au Louure auprés de la Reyne, ou ie ne perdis pas vn moment de faire ma Cour, aux dépés de Mademoiselle, & ie puis dire que ie la faisois fort bien, puis que la Reyne qui en parloit sans cesse desauantageusement ne pouuoit trouuer qui que ce ce fust qui luy adherast que moy, Mademoiselle estant aimée si generalement, que ie ne sçais si c'estoit par cette raison, ou par le respect que l'on doit a sa qualité, ou a son merite, qui faisoit garder ce silence. Lors que i'apris qu'elle estoit en l'vne de ses maisons, i'en eus le dernier déplaisir, estant marye de ne trouuer plus dequoy entretenir la Reyne, de la maniere que ie le desirois. Ie m'auisay malicieusement de luy dire que Mademoiselle auoit enuoié vers Monsieur le Prince pour luy demander retraitte dans quelqu'vne de ses places & qu'il la luy auoit refusée. Sa Majesté n'adiousta pas beaucoup de creance a ce que ie luy dis, & elle répondit a ce discours, qu'il falloit sçauoir ce qui en estoit, ie luy repliquay que mon frere escriroit a Mademoiselle que ce bruit la couroit, & que comme elle trouueroit mauuais que l'on le dist, si cela n'estoit pas, elle manderoit sans doute, pour son honneur, toutes les choses comme elles se seroient passées, & selon la verité. Mais ie fus bien attrapée, car elle fit a mon frere vne response assez aigre & piquante dans laquelle elle ne m'espargna pas, & voicy les termes de la lettre. *Quant a Monsieur le Prince i'ay tous les sujets imaginables de m'en loüer, c'est pourquoy cela me suffit, & ie ne me soucie pas de ce que les Mazarins en croiront.* A vous dire la verité ie ne fus pas fort satisfaitte ce iour la de ma Cour, n'ayant plus rien a dire a la Reyne sur ce sujet là. Mais il me suruint bien vn plus grand embarras, car pendant l'absence de Mademoiselle, i'auois fait tout ce que i'auois peu, tant par Monsieur de Saujon, que par vous Madame, pour rendre auprés de Monsieur tous les mauuais offices à Presontaine qui m'estoient possibles; mais le malheur voulut qu'ils se trouuerent sans effet car ie vis des lettres datteées de St. Fargeau, où l'on mandoit a mon Frere que Monsieur auoit tesmoigné a vn Gentilhomme qui auoit esté enuoyé vers luy, qu'il estoit fort content de Prefontaine ; ainsi ie fus deçeuë dans le succez des mauuaises intentions que i'auois euës dans cette occasion, aussi bien que dans celles qui s'estoient passées.

Les lettres que Mademoiselle écriuoit à mon Frere estoient tousiours pleines de mespris pour luy & pour moy, & telles qu'vn homme mieux cõseillé qu'il n'estoit pas, auroit la dessus demãdé sõ congé sãs retarder dauãtage: mais comme ce n'estoit pas mon interest, ie n'auois garde de luy témoigner que toutes les raisons d'honneur l'obligeoient de le faire : m'estant mesmes persuadée que Mademoiselle n'eust osé en venir là, & que les amis que i'auois auprés de Monsieur empescheroient autant qu'ils le pourroient d'y donner son agréement, sans lequel ie sçauois qu'elle ne vouloit rien faire.

Pendant que ie me flatois de la sorte, & que ie pensois que Monsieur de Saujon qui estoit à

Bloys preuoit soin de mes interests, ie m'occupois a Paris a negotier quelque méchanceté contre quelqu'vn, dont ie pouuois esperer quelque auantage pour l'auancement de mes affaires : Mais i'appris que Mademoiselle estoit partie de St. Fargeau, ce qui ne m'allarma pas d'abord, croyant bien que Monsieur luy defendoit de passer plus auant que Sully, ou elle estoit. Ie me fondois dans cette pensée, sur ce que ie sçauois que la Reyne ne vouloit point absolument que Mademoiselle vist Monsieur, tant pour la priuer de la ioye qu'elle receuroit en voyant vn Pere qu'elle aime si cherement, que pource qu'elle craignoit qu'elle ne confirmast Monsieur dans le dessein qu'il à de ne point venir à la Cour, & de ne s'accommoder jamais auec le Mazarin. De plus connoissant que Mademoiselle est fort des amies de Monsieur le Prince, elle iugeoit qu'elle porteroit ses interests auprés de Son A. R. au dernier point ; qu'elle luy feroit comprendre qu'il ne pouuoit auoir aucun auantage separé des Princes de sa Maison : que la bonne vnion qui seroit

entre

entre eux les rendroit Maistres de toutes choses, & les mettroit en estat de pouuoir tost ou tard se vanger & de la Reine & du Mazarin: qu'aprés le pas qu'il auoit fait de s'en aller le lendemain du iour qu'il auoit promis au Parlement de ne pas l'abandonner, le monde croiroit qu'il auroit aussi abandonné Monsieur le Prince; qu'ayant retiré ses troupes de son armée, il ne pouuoit se discoulper enuers le public qu'en monstrant qu'il ne s'en estoit allé de Paris, que pour ne se point raccommoder auec la Cour, & que voyant qu'il ne pouuoit faire les choses dans la hauteur qui luy estoit conuenable, & pour la seureté & l'auantage du public, il auoit pris le party de s'en aller chez luy, sans se vouloir pl⁹ mesler de riẽ, & que cette conduitte estãt tousiours suspecte, tãt qu'il n'auroit nul commerce auec la Cour, il pourroit tousiours seruir Monsieur le Prince dans les occasions.

La Reine & les Ministres furent bien trompez en ce qu'ils auoient creu que Monsieur receuroit mal Mademoiselle. Car bien loin de cela, il enuoya des cheuaux de relais au deuant d'elle. Il vint mesme jusqu'a la porte de sa chambre pour la receuoir & il luy témoigna vne joye infinie de la voir.

Si les Mazarins se virent trompez en cela, ils ne le furent pas moins dans la creance qu'ils eurent que ce voyage là seroit inutile à Mōsieur le Prince. Car les domestiques de S. A. R. qui sōt les plus Mazarins, connurent en peu de temps & auec regret l'effet des bons offices que Mademoiselle auoit rendus à Monsieur le Prince. I'ay sceu que Son A. R. parla de luy auec beaucoup plus d'amitié & d'empressement qu'il n'auoit fait depuis qu'il estoit parti de Paris. L'on remarqua aussi que l'on auoit parlé dans sa Maison, contre la Cour & le Gouuernement bien plus hautement que l'on n'auoit fait depuis que S. A. R. estoit en ce lieu là, qu'elle mesme ne se defendoit pas de les condamner & que le Mazarin auoit esté le sujet des conuersations publiques de Mademoiselle & de luy, ce qui fait juger que dans les particulieres qu'ils ont eu ensemble, ils auoient parlé de bien d'autres perſonnes, de qui le reſpect empeſche que l'on ne le faſſe d'vne autre maniere.

Mademoiſelle demeura trois iours en ce lieu là, & Monſieur continua de la traitter parfaittement bien. On dit qu'il la mena à Chambort, & qu'il eut grand ſoin de la promener & de faire toutes les choſes poſſibles pour la diuertir. Il declara meſme à quelques perſonnes de condition les plus zelées pour ſon ſeruice (& par conſequent pour celuy de Mademoiſelle, puis qu'il ne peut eſtre ſeparé du ſié) que les gẽs de la Cour qui diſent que Mademoiſelle & luy ſont mal enſemble, en deuoient eſtre à preſent deſabuſez aprés ce voyage, quand ils apprendroient la maniere dont ils auoient veſcu enſemble. Il témoigna à Madame de Frontenac qu'il luy eſtoit bien obligé de ce qu'elle n'auoit point quitté Mademoiſelle. Il entretint trois heures Preſontaine en ſe promenant dans le parc de Chambort, & il luy parla de beaucoup de choſes leſquelles ie ne ſcay point : mais c'eſt aſſez d'en ſcauoir pour moy, & c'eſt trop meſme, que d'auoir ſceu que mes plus grans ennemis ayent esté si bien receus de S. A. R.

Ie n'eus pas plustost apris ces nouuelles par les lettres que m'écriuit Monsieur de Saujon, que mon Frere m'en apporta vne de Mademoiselle, par laquelle elle luy mandoit qu'elle estoit bien faschée d'auoir des raisons particulieres qui l'obligeoient à le prier de se retirer de son seruice, quoy que dailleurs elle fust assez contente de luy, & que pour marque de cela, elle luy témoigneroit tousiours sa bonne volonté dans toutes les occasions qui s'en offriroient. A dire le vray, cette lettre estoit fort ciuile, & l'on ne pouuoit pas chasser vn hõme plus obligeamment, qu'elle à fait mon Frere, neantmoins cette disgrace ne laissa pas de m'estre aussi sensible que si elle eust esté accompagnée de plus d'aigreur. Car ie voyois bien que i'estois cause de la perte de cét establissement, qui estoit fort honorable & fort vtile à mon Frere, lequel receuoit de grans appointemens de Mademoiselle, & qui auroit lieu, s'il vouloit, de me faire des reproches eternels de luy auoir valu cela par ma mauuaise conduite. Ie vous iure aussi que i'en ressens vn tel chagrin qu'il m'empesche de continuer l'histoire de ma vie. I'ay seulement à vous demander pardon de vous auoir ennuyée du recit de tant de defaux : mais il auroit esté difficile de me representer à vous telle que ie suis, sans vous faire voir vne suitte d'imperfections, dont ie suis toute remplie.

Au reste i'ay esté conseillée par quelques personnes de mes amis qui ont du merite & de l'esprit, & en qui i'adjouste vne grande foy de vous faire part des plus remarquables pieces en vers que l'on à faittes contre moy. L'on m'a asseuré qu'elles ne m'estoient point si desauantageuses, que ie me les estois imaginées. L'on veut les attribuer à Madame de Frontenac aussi bié que la lettre qui parle du premier Royaume de la Lune: mais ie sçay fort bien qu'elle n'a trauaillé à pas vn de ces ouurages, & que c'est sans aucun fondement qu'on le voudroit croire.

SVR LA VIEILLE ET LA NOUVELLE EVE
SONNET.

Deux noms confusemēt l'vn par l'autre effacez
Nous empeschēt de voir quelle est la differēce,
D'Eue du Paradis, & de celle de France,
D'Eue de maintenant, & des siecles passez.

Sur de folles raisons leurs vains projets tracez
Ont d'vn mesme succez trompé leur esperance,
Le sort de toutes deux a la mesme apparence,
Mais par la suitte helas on les distingue assez.

Bien qu'vn plaisant abus legerement confonde,
Le nom de la premiere auecque la seconde,
La fin de leur destin les fera discerner.

Puis-que l'vne autrefois faillit d'estre damnée,
Pour auoir consenti de se voir gouuernée,
Et l'autre le sera pour vouloir gouuerner.

SVR LE MESME SVIET

SONNET.

SI le plaisir D'Eue fut doux,
Lors qu'elle ne fut pas cruelle,
Ce fut vn grand malheur pour nous,
Quand elle deuint infidelle.

Le Ciel vit d'vn œil de courroux
Tous les mortels à cause d'elle,
Et quoy que nous portions les coups,
Elle seule estoit criminelle.

Mais toute sa posterité
Souffrant sans l'auoir merité,
Eue demeuroit impunie.

Si bien qu'en satisfaction,
Les Dieux cherchans pour elle vne peine infinie,
N'en trouueront jamais que vostre auersion.

CHANSON

ALors qu'Eve mangea la pomme
Pour seduire le premier homme,
Et destruire le genre humain,
Elle accusa ce pauure Diable
De tourner la pomme en venin,
Dont elle estoit seule coupable.

Elle attira dedans son crime
Vne malheureuse victime,
Par le peché originel.
Nous esperons que vostre grace
Iustifira ce criminel,
Quoy que cette Megere face.

AVTRE.

A La Deesse de Parnasse
Pegaze est trop bon seruiteur,
Pour croire jamais qu'il se lasse
D'estre son fidelle porteur.

Si d'Eve il estoit la monture,
Il ne marcheroit qu'en courroux,
Et sauteroit outre mesure
Pour luy faire casser le cous.

Empeschez donc cette aduanture,
Et par vn supplice plus dous,
Punissez vne Creature,
Qui fut trop aymée de vous.

Elle souffre par ses disgraces
De sa langue le chastiment,

La perte de vos bonnes graces
Estant vn sensible toutment.

En quelque sorte elle est punie,
Ainsi qu'autre fois le serpent,
Car de chez vous elle est bannie,
Comme il le fut du Firmament.

Pendant le temps de son absence,
Sa langue fit adroitement
Vne fort noire médisance
A vn Frondeur du Parlement.

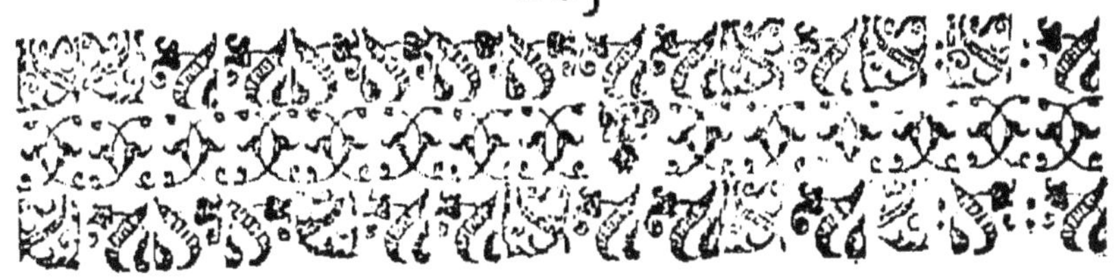

A S. A. R. MADEMOISELLE

STANCES.

LA premiere duppe du Diable,
Par vne malice incroyable
Auoit insolemment tasché de nous dupper:
Mais son destin tousiours impitoyable
L'a fait encore vne fois attrapper.
De son premier peché vostre rigueur nous vange.
Pour vn esprit si perçant & si bon,
L'aueuglement fut bien estrange
D'auoir esté trompée d'vn Demon,
Et de vouloir aprés tromper vn Ange.

Cette Eue infiniment surprise,
Du succez de son entreprise,
Sans craindre les effets de sa temerité,
Dans la chaleur dont son Ame est reprise,
Ne sçauroit plus regler sa vanité.

On void ailleurs cette maigre importune
Ietter ſes yeux & ſes deſirs jaloux,
Sa conſtance n'eſt pas commune
D'auoir perdu tout ſon credit chez vous,
Et de ſonger encore à la fortune.

Au lieu de pleurer ſa miſere,
Ou d'appaiſer voſtre colere,
En proteſtant ſur tout d'vn eſprit plus loyal.
Tout auſſi-toſt cette ingratte Megere
A pris party dans le Palais Royal,
Ou l'orgueilleuſe croit ſe rendre Souueraine,
Par le rapport que quelque vieux deuin
Luy fit, qu'vn iour ſon eſprit tout diuin
Domineroit ſur celuy d'vne Reyne.

Peut-eſtre que ce bon Profete
N'eut de la faute qu'elle a faitte
En s'éloignant de vous aucun preſentiment,
Et qu'il croyoit que ſon Ame indiſcrette,
En vſeroit vn peu plus ſagement.
Ce doit eſtre de vous qu'il entendoit luy dire,
Que quelque Reyne en deuoit faire eſtat,

Car

Car à moins que tout ne conspire
Contre les loix de raison & d'Estat,
On vous verra Maistresse d'vn Empire.

Cependant Eue est resoluë
De se rendre vn iour absoluë ;
Mais vn Astre ennemy qui n'y peut consentir
Rendra pourtant sa peine superfluë,
Et forcera les autres de mentir :
En se flattant tousiours d'vne esperance vaine,
De son malheur chacun se mocquera :
Par tout on rira de sa peine,
Sur elle vn iour la Lune regnera,
Comme elle veut regner sur vne Reyne.

PROCEZ CRIMINEL D'EVE

VE de qui l'ambition
Esgalle a l'indiscretion
Inuente tousiours quelque chose,
Pour rendre meilleure sa cause,
A fait courir par tout le bruit,
Que la chanson qu'on a produit,
Et qu'on dit estre assés profane
Est faite au Palais de Diane:
Bien que dans le diuin seiour
De son incomparable Cour,
Eue seule fut la matiere,
Sur qui l'on se donna carriere,
Pour punir sa temerité,
Qui l'auoit asses merité,
Les Dieux touchez de sa malice,

Nous en voulant faire iustice
Auec vn fort grand apareil
Assemblerent hier leur Conseil
Il se tint dessus le Parnasse,
Ou chacun s'assit, & prit place.
On laissa presider le Dieu
Auquel appartient ce sainct lieu,
Et Iupiter par bienseance.
Luy deffera la preseance
Il fut donc dit sommairement
Dans cét auguste Parlement,
Qu'a la requeste de Diane,
De ses Nimphes & d'Ariane,
La Cour feroit faire raison
De l'imposture & trahison,
Dont Eve auoit esté capable
Ainsi qu'on la trouuoit coupable.
On vit ce iugement si net,
Que chacun suiuit du bonnet,
Excepté le Dieu qu'on adore,
Ou jamais on ne vit l'Aurore:
Car se souuenant qu'autre fois
Eve auoit escouté sa voix,

Il voulut en reconnoissance
Pour elle implorer sa puissance.
Son procez fut pourtant iugé
Dont il fut beaucoup affligé.
Alors les Nimphes de Diane
Parroissant auec Ariane,
Prierent le Dieu de l'Amour
De les presenter à la Cour,
Pour luy remonstrer que les Muses
Ne pouuoient alleguer d'excuses,
De respandre dans l'Vniuers
Autant de crimes que de vers,
Et qu'on profanoit vn langage,
Qui dans le Ciel est en vsage,
Et que c'est l'interest des Dieux
De le faire pratiquer mieux,
Cependant toute l'Assemblée.
Demeura quelque temps troublée:
Non pource qui s'y estoit dit,
Mais pour les beautez qu'on y vit,
Et cette rencontre impreueuë
A plus d'vn donna dans la veuë.
Le bon Monseigneur Apollon

Fit apporter son violon,
Disant que cette belle bande
Danseroit mieux la sarabande,
Que de poursuiure des procez
Qui sont d'vn fort douteux succez.
Mais Iupin qui vit sa finesse,
Et qui vouloit par son adresse,
Destourner l'accusation,
Faitte auecque tant de raison
Contre les Muses médisantes,
Qui sont Frondeuses & meschantes,
Dit qu'il souhaitoit estre instruit,
De la verité de ce bruit.
La plus sçauante de la troupe,
De mille soupirs entrecoupe
Les plaintes qu'elle fit alors,
De la chanson & des rapors.
Tout cela s'en alla sur Eve,
Dequoy ie pense qu'elle creue.
Comme on estoit prés de finir,
On vit encore interuenir,
Contre elle les deux Orithies,
Qui se declarerent parties,

Demandant

Demandant pour leur interest,
Qu'on prononçast tout haut l'Arrest.
Cela produit vn grand murmure:
Mais le deuoir que fit Mercure,
Disant cent fois paix chut, paix là,
Mit enfin par tout le hola.
On vit cette nouuelle instance,
Des Dieux rafermir la constance,
Et d'vn visage fort ardant,
Monsieur le premier President,
Aprés auoir eu pour Diane,
Pour sa troupe & pour Ariane,
Les opinions de chacun,
Hormis seulement celle d'vn,
D'vne voix assés claire & forte,
Prononça l'Arrest de la sorte.

LA Cour declare supposé,
Et tres mechamment imposé
Le crime dont on vouloit faire
Les requerants en cette affaire
Coupables dans le Parlement,
Sans preuue ny sans fondement,

Que ces filles pour toute peine
S'excuseroient vers nostre Reyne,
Et toutes ces Nimphes aussi
D'auoir creu l'imposture ainsi:
Qu'Eue de tout ce fait chargée,
Estoit par Arrest obligée,
De faire satisfaction,
D'vne si meschante action:
Qu'on auroit tout recours contre elle,
Comme la vraye criminelle,
Tant de la part des deffendeurs,
Que de celle des demandeurs:
Enfin qu'elle estoit condamnée,
D'estre vniuersellement huée;
Que pour les frais & les despens,
Les Dieux s'en tenoient pour contens,
Que sa faute estant infinie,
Meritoit qu'elle fut bannie,
Du Palais de sa Majesté,
Comme ailleurs elle auoit esté
Et qu'on luy donnoit pour refuge,
La noire maison de son Iuge:
Qu'en cas de contrauention,

A la moindre condition,
Iupiter lanceroit ſon foudre
Pour reduire ſon corps en poudre,
Voila la choſe comme elle eſt,
Et la ſubſtance de l'Arreſt,
Autant au moins qu'on en peut croire
Vne aſſez méchante memoire,
C'eſt en vers qu'Apollon parla,
Mais ils valoient mieux que ceux là.

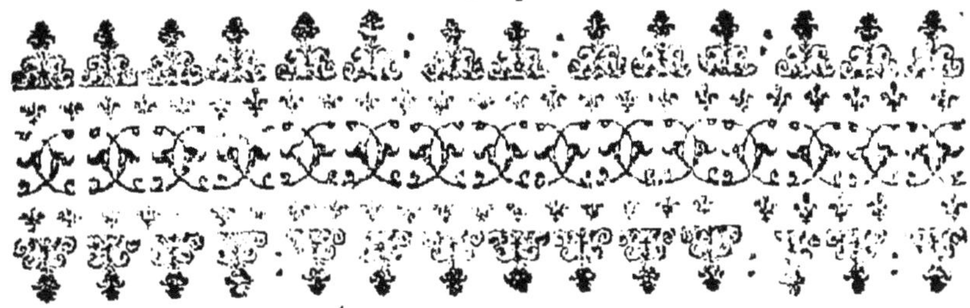

METAMORPHOSE D'EVE EN BICHE.

VE cette maudite engence,
Qui par la bonne intelligence
Qu'elle eut jadis dans les Enfers
Mit toute la nature aux fers:
Cette premiere criminelle
Qui nous fit tant souffrir pour elle:
Ce vieux spectre que le Soleil
N'a jamais pû voir de bon œil,
Eve enfin, pour qui tout le monde
Conceut une horreur sans seconde,
A demandé la grace à Dieu
De revenir en ce bas lieu,
Où la nature s'est vangée
Du crime de cette enragée,

Ainsi

Ainſi que ie vous feray voir
Si vous le deſirez ſçauoir.
Quand le Ciel la fit donc reuiure,
On vit indiſcretement ſuiure
Par cette dupe des Demons
La Reyne des bois & des mons.
Il eſt vray qu'alors ſon viſage
Sembloit auoir perdu l'vſage
Des traits dont il s'eſtoit ſerui,
Lors que le Diable en fut raui.
Elle paroiſſoit plus modeſte,
Et pour dire en deux mots le reſte,
A iuger du cœur par les yeux,
Elle valloit quelque peu mieux.
Deſſous cette mine hipocrite,
On crût qu'elle auoit du merite,
Diane qui s'en apperçeut,
Parmy ſes Nimphes la reçeut,
Et la faiſoit approcher d'elle,
Comme vne Nimphe trés fidelle.
La Mere Eue au commencement,
En vſoit aſſez prudemment,
Et par vn ſecret artifice,

Couuroit finement sa malice:
Mais enfin par punition
Elle deuint comme Acteon;
Car ne pouuant sous ce visage
Se faire long temps croire sage,
L'on découurit par son peché
Son mauuais naturel caché.

Cette ambitieuse compagne
De la Reyne de la Campagne,
Lasse de viure sous ses loix,
Dans les plaines & dans les bois,
D'autres loix luy vouloit prescrire,
Et la tenir souz son Empire.
Mais Diane en punition
Perdit toute l'affection,
Que, sous vn beau semblant deceuë,
Elle auoit cy deuant conceuë,
Et la punit seuerement,
Du pretendu gouuernement;
Car sa faute estant infinie
Dût estre infiniment punie;
Elle le fut aprés aussi,
Comme vous allez voir icy.

Or pour vous en faire le conte,
Ce fut dans le Bois le Viconte,
Ou la chaste sœur du Soleil,
Fit tenir aussi-tost Conseil,
Pour deliberer du supplice,
Dont on puniroit sa malice.
Toutes les Nimphes doucement,
Opinoient à l'éloignement.
L'affaire s'en alloit concluë,
Quand d'une puissance absoluë,
L'aimable Reyne des Forets,
De qui seule les interets,
Souffroient vn notable dommage,
A souffrir ce libertinage,
Crût le supplice trop leger,
Pour la punir & se vanger.
Autrefois vn chasseur, dit elle,
De qui l'Ame moins criminelle
N'auoit peché que par les yeux
D'vn regard vn peu curieux,
Sentit l'effet de ma colere,
Par vn traittement plus seuere.
Il vous souuient assez qu'alors,

Vous le vistes changer de corps
Et que son visage & sa teste
Prirent tous les traits d'vne beste,
Que sa peau sur luy s'endurcit,
Que par tout son poil s'espoissit,
Qu'il marcha la teste baissée
D'vn double bois entrelassée.
Ses chiens ne le connoissant plus
Coururent aussi-tost dessus,
Mirent en pieces leur MAISTRE,
Qui ne meritoit plus de l'estre.
Enfin se voyant aux abois
Ce nouueau Cerf baissa son bois,
Et ne voulut plus d'autres armes
Que ses soupirs & que ses larmes,
Dont les Cerfs encore aujourd'huy
Ne doiuent l'vsage qu'a luy.
Sa faute quand il me vit nuë,
Fut d'arrester sur moy la veuë.
Comment puis-je donc espargner
Celle qui me veut gouuerner?
A toy qui d'vn trait tout extermine
Et qui fais changer d'origine,

A ceux qui contre leur deuoir
Peuuent douter de mon pouuoir.
Quoy qu'il eust fait vn moindre crime
I'en fis vne horrible victime.
Ce n'est pas assez la punir,
Que de s'en plaindre & la bannir.
Vn forfait extraordinaire
Demande vn supplice exemplaire,
Et qui peut souffrir vn affront
Doit en receuoir vn second.
Aussi tost sans dire autre chose
D'vne prompte metamorphose
Pour la distinguer des humains,
En pieds elle changea ses mains,
Et sa veuë en terre fichée
Fit porter sa teste penchée.
Ses longs cheueux de toutes parts,
Alors confusement espars
Sur sa noire peau s'attacherent,
Ses bras & ses pieds s'allongerent,
Iugez de l'extreme soucy
Qu'elle eut en se voyant ainsi.
En vain elle se voulut plaindre

Son Ame commença de craindre,
Et surprise d'vne frayeur,
Qui luy venoit troubler le cœur.
Cette vieille & nouuelle Biche
Craignant qu'on luy fist quelque niche,
Aprés beaucoup de vains efforts,
Fut se retirer dans des forts,
Où se plaignant à la fortune,
De sa disgrace peu commune,
Dans l'impuissance de parler,
Essayoit de se consoler,
Par des soupirs dont le langage,
Excitoit vn triste ramage.
Diane pour s'en diuertir
Fut alors la faire partir,
Et commande aussi-tost qu'on lasche
Les chiens qu'on tenoit à l'attache :
Aprés la Reine chaque sœur
Esprise d'vne noble ardeur,
Sembloit estre à tous momens preste
En courant d'atteindre la beste.
Elles tirerent tant de fois
Qu'elles vuiderent leur carquois.

Mais enfin Tigrane & Melande
Les plus adroites de la bande,
Luy decochant leurs derniers traits
La blesserent en deux endroits.
Cependant que chacune jaze,
Apollon monte sur Pegaze,
La perce, & son fer esmoussé
De l'effort qu'il estoit poussé,
Par cette troisiesme blessure
Luy fit une estrange entamure.
Castor aussi qui s'y trouua,
D'vn autre grand coup l'acheua.

Quand la beste fut deschirée
On accourut à la curée.
C'est ainsi qu'on en vint à bout,
On fit retraitte. Voila tout.

Mademoiselle m'a dit que

… que Mad.e de [illegible]

estoit tout a fait superbe, et

M.e la vicomtesse de Fiesq. [illegible]

mis presque(?) et mesme des femmes de

chambre, et que la meilleure

chose qu'on pouvoit dire d'elle

est qu'elle ne craignoit et ne

et ne mangeoit(?)

toussoit jamais. 1654.

www.ingramcontent.com/pod-product-compliance
Ingram Content Group UK Ltd.
Pitfield, Milton Keynes, MK11 3LW, UK
UKHW020214250726
13967UKWH00003B/1460